生活的名义

Shenghuo De Mingyi

渊 子 / 著

羊城晚报出版社
·广 州·

图书在版编目（CIP）数据

生活的名义 / 渊子著. —广州 ： 羊城晚报出版社，2021.8

ISBN 978-7-5543-0954-4

Ⅰ. ①生… Ⅱ. ①渊… Ⅲ. ①诗集—中国—当代 Ⅳ. ①I277

中国版本图书馆CIP数据核字（2021）第140927号

生活的名义
SHENGHUO DE MINGYI

责任编辑 王晓娜 蔡泽华
责任技编 张广生
装帧设计 友间文化
责任校对 潘子扬
出版发行 羊城晚报出版社
（广州市天河区黄埔大道中309号羊城创意产业园3-13B 邮编：51066
发行部电话：（020）87133824
出 版 人 吴 江
经　　销 广东新华发行集团股份有限公司
印　　刷 佛山市浩文彩色印刷有限公司
规　　格 889毫米×1194毫米 1/32 印张7.5 字数180千
版　　次 2021年8月第1版 2021年8月第1次印刷
书　　号 ISBN 978-7-5543-0954-4
定　　价 39.80元

序

杨克

渊子毕业于第一军医大学军医系，曾赴云南老山前线代职参战。在和平年代的军旅生涯中受过战争血与火的洗礼，就个体生命而言这也是人生难得的历练与丰富。他后来从事的工作关乎国计民生，每天与经济和数字打交道，且行政事务繁重，却私底下经年累月锲而不舍写诗。他用笔名，现实生活中没有几个人知道，不仅没有利，也无名。只能说，这是与生俱来的由衷热爱，是一种自我修为，格物自知。因为生命中有了诗意的隐秘部分，他的精神世界更为立体多彩。

正如瑞典获诺奖的作家、诗人帕尔·拉格克维斯特所言，艺术作品中唯一重要的，是艺术家本人。

在中国，诗也称为“经”，有神圣的地位。孔子曰：不学诗无以言。那是我们风雅颂的《诗经》。而在《楚辞》之前，诗歌存于民间，源于劳动，张口即吟，即兴而唱。它口口相传，是国人精神的一部分，是文化共同体，是我们生活世界和意义世界的一个稳固的可流传的存在。《诗经》里这些原始形态的诗歌，都是找不到具体的创作者的，都是“佚名”。由此，可见渊子的写作方式，与诗歌的源头倒是十分吻合。

从第一个有名有姓的诗人屈原伊始，诗人多出仕。屈原是楚国的“三闾大夫”。在中国历史上，几乎就没有官员不会写诗，也几乎没有哪个官员不爱写诗。除了像大家熟知的王维、岑参，哪怕江郎才尽的江淹，写《秦妇吟》的韦庄，包括高适、曹操这些征人，大多是大诗人。左迁流落岭南的苏东坡、韩愈、刘禹锡、杨万里，是伟大的诗人，其实也仍是一方主官。写出“先天下之忧而忧，后天下之乐而乐”千古名篇的范仲淹，就做过四年收盐税的“负责人”。诗人渊子，南开大学政治学系硕士研究生毕业，尽管不在文化部门供职，骨子里仍是文人。写诗，从来不是丢面子的事。在他，却是见贤思齐，向古人看齐，向中华文明的传统致敬。故而每天再忙，夤夜，他都向“诗神”交功课。

所以渊子的新诗集，以“日常课”“阅读课”“海水课”“口罩课”“衰老课”为小辑的标题，仿佛将诗意化的日子串成一串珍珠。

梦蝴蝶与逍遥游，是庄子的功课；天人合一，是董仲舒的功课；格物致知，是朱熹和王阳明的功课；晨钟暮鼓，是僧人的功课；而写诗，渊子认为这是他的功课。终是心头好，持经置功课。写诗也讲养心与修道，最难的，就是不间断。不间断，就是“功课”。

真正的诗人，从来都是，生活与诗一体的。

是啊，诗人的生活就是诗生活，或者说他们的生活是诗化了的。那么，渊子的“诗生活”体现在哪几个方面呢?

在“日常课”这一辑，我们读到了十分有趣的表达，它们是“喇叭不听车也不躲”的一群鹅，是“笨手笨脚不温又不火”的一群鹅，是“有时沉默又挺胸昂首”的一群鹅，这来自日常、又高于日常的一群鹅，在渊子笔下，这是“在路上赶一群鹅的生活”，最后他发出浩叹这是“摇头摆尾的鹅，摇头摆尾地生活”。我即“鹅”乎，“鹅”即我也，我多了“鸟”旁，仿佛自嘲“鸟人”，“鹅”与我的生活图景与精神图腾，在诗人这里，一直是“生命的寻找和练习”。渊子说，“生活是负重地走，但生命需要卸载，在寻找意义中练习一种轻”。那么，“鹅”可以说就是渊子生活诗化后的“化身”，他幻想“到灯塔去”，到“海上飘来一艘船”去，最后哪怕是去屠宰场，他依然“嘎嘎自歌”。

诗人的日常，当然也可以不寻常，有时他幻想自己是“一只想喝咖啡的蝴蝶”，两根触须仿佛在享受着生活之轻，很快胳膊也有了翅膀的感觉。在此时，诗人可以突然长出“贝多芬的耳朵”，与爬墙虎同游，完成一趟美妙浪漫的诗之高旅。

威廉·巴特勒·叶芝说过，“一切艺术只要不是单纯地讲故事或单纯地描写人物，就都含有象征意义”，故而渊子的日常，也是时代语境的日常，他的独乐乐，也是众乐乐。

在“阅读课”这一辑，我们读到的，是渊子亲切称赫尔曼·黑塞为阿黑哥，渊子与这个德国浪漫派最后一位骑士，此时正在一个古老的、真正的、纯粹的、精神上的国度相逢，他们同是一头荒原狼，以狼语为这个比夜更黑的世界发声。此外，还有“新寓言派”代表作家帕特里克·莫迪亚诺，诗人与他一起喝咖啡，仿佛喝咖啡的人从不迷路，所以，他敢于与海子商榷梭罗的脑子及有关问题，敢于与托翁一起给世界惹点乱子，敢于与尼采一起用脑子走路，给世界一个“倒立的形象”。

中外对话，古今交流，在互文中，四海之内的诗人皆兄弟，你就是他，他就是你，你就是我！

在“海水课”这一辑，我们读到的，是诗人一百零一次的孤独：

我只知道海水就在那里，一直就在那里
我只知道它以宽容审判陆地，审判天空
同时也审判我
海水就是海水，我的姿势
正是它所强调的陆地的姿势
它的理想主义不是肉体
它希望陆地漂移，如灵魂行走于洼地

渊子的诗语言纯正，哲思跃然纸上。

在“口罩课”这一辑，我们读到的，是疫情期间在中华大地上每天发生的故事，感觉每一个陌生人，都是亲爱的陌生人。所以，诗人此时是柔情似水的诗人，想为每一个陌生人戴好口罩，想为每一个陌生人伸出双手，抚摸他们的眼神。这是诗人的大爱所致，生活的名义，即是爱与美的名义。而疫情年代的记录，有“诗史”的意味和价值。

不一而足，如此生活，谁又说不是诗生活？

夹在诗与生活的精神生涯之间，诗——那颗最高贵的灵魂——已然高蹈、升华，哪怕被置在一个“衰老课”的天空之上，诗已然陪伴了诗人一生，诗就是诗人的命。

在相对漫长的岁月中，生活与生命相携而行，一个诗人的命就是“天问”时始终保持“闪电”一样的敏感，并始终都能以诗的方式，呈现自己大地一般辽阔的内心。

渊子拜生活为师，以诗歌为课，那么这本诗集就是诗人的心路历程，他说，以此献给生活中一直赶着上课铃声前行的人们。

是为序。

（杨克，中国作协主席团委员，中国诗歌学会会长。）

目录

日常课 / 001

南粤的北方佬 / 002
贝多芬的耳朵 / 003
飞 絮 / 004
一株虎皮兰的周末时光 / 005
油菜花里的黄蝴蝶 / 007
可可托海的羊 / 008
生活，它刚刚离开电梯 / 009
黎明忽然到来 / 011
名字而已 / 012
那些开过的和正在开的花们 / 014
燕窝之泥 / 015
鸟巢，在故乡摇摇欲坠 / 016
偶遇 / 017
等待爬墙虎的一声吼 / 018

乒乓球 / 019
脐橙，我的孤独指向出海口 / 020
清明出行 / 022
我的三胞胎兄弟 / 023
杀死一棵树 / 025
手撕鬼子 / 026
谁知道 / 028
四月一日 / 029
乌云在停车场上空徘徊 / 031
一个用财富命名的温泉小镇 / 032
我看见我的鞋子哭着回家 / 033
梧桐，垂下一树毛茸茸的文字 / 034
咸鸭蛋 / 035
小雪 / 036
悬崖上的村落 / 037
一个名叫阳光的酒店 / 039
生活，就是在路上赶着一群鹅 / 041
海上飘来一艘船 / 043
一只想喝咖啡的蝴蝶 / 044
医院的大钟停了 / 045
顺德油盐饭 / 047
昨夜漫长 / 048

阅读课 / 051

苏东坡，没得说 / 052
是到灯塔去吗 / 056

吃不了，兜着走　/ 059
肥皂泡　/ 061
听我的，没人吃得了你　/ 062
女拳手，给我一拳吧　/ 064
死不了的盖茨比，了不起　/ 065
海子与另一个海子　/ 067
黑塞，黑白分明的黑塞　/ 069
老人，与海一同叩响双筒猎枪　/ 071
你为啥给猫头鹰当爸　/ 072
我想把石头都给你　/ 075
米拉波桥，诗人保罗在跳　/ 077
莫迪亚诺，这家伙的咖啡不错　/ 079
倒立的姿势，尼采　/ 081
瞧，这个人　/ 082
山羊胡老王　/ 084
托翁，老头有种　/ 088
瓦尔登，湖？　/ 090
银河里的小波　/ 094
在你摸爬滚打的一路上　/ 096
我怎么着都行　/ 098
是儿子，这人是儿子　/ 100
关于那群鸭子什么的破问题　/ 104

海水课　/ 107

桉树　/ 108
让我把烟点着，掐掉，再点着　/ 110

当我——当海—— / 112
古城，在海水退却之后 / 113
关于海水，你不想说点什么吗 / 115
海水依旧 / 118
篱笆，女人和海 / 127
我用理性装下你 / 129
芦苇，向海的风越来越瘦 / 130
一条走向海水的路 / 131
木鱼 / 133
少女与维纳斯手臂 / 134
乌鸦，从时间进入空间 / 136
舞者 / 138
一米阳光 / 139
走过三月，走过我自己 / 141

口罩课 / 143

我们不再陌生 / 144
其实每个夜晚都是电闪雷鸣 / 145
二月的你的眼 / 146
给你，我的口罩兄弟 / 148
早安，广州 / 149
还是炊烟 / 150
惊蛰 / 151
久违 / 153
看，你的脸 / 154
泪水高贵 / 155

特别的日子 / 157
朋友，我要在脚下挖一口井 / 158
无题 / 159
无题之二 / 160
悟 / 161
空气中我口吐莲花的小房子 / 162
雪花 / 163
我在窗口遥望一棵树 / 164
由于，白—— / 166
渊子，郁郁葱葱的渊子 / 168
口罩哲学 / 169
三月，三月的战地黄花 / 170
自我批判 / 172
我，作为木棉的一种红 / 173

衰老课 / 175

雨滴 / 176
姥姥，把我挂上屋梁的姥姥 / 178
立冬，夹竹桃开出三色花朵 / 180
半炷香的工夫 / 182
车轱辘话 / 183
穿堂风 / 185
一口气，吹灭生日蜡烛 / 186
炊烟 / 187
这个春天的雨 / 188
到时候你就知道了 / 190

你到站了吗 / 191
致一位登山的老人 / 192
等候身体里的一场雪 / 193
落叶总在发间飘舞 / 194
更年期综合征 / 195
镜子和一条鱼 / 198
老槐 / 200
老玉米 / 202
每一个有雨的日子都是节日 / 204
尿不湿 / 205
我春与秋的水木年华 / 206
今年，又一个同学走了 / 208
童年的石榴树 / 210
珠江，我究竟是你的哪一段波浪 / 212
我在机场没接到我 / 214
一壶水就这样开了 / 216
我想讨好一只蜗牛 / 218
又见炊烟 / 220
糟老头 / 221

写在后面的话 / 223

爸爸的诗 / 223

日常课

南粤的北方佬

南粤是一个词
一个随身携带罗盘的词
它并不针对我
我是个找不到北的北方佬
它针对一只蝴蝶
事关蝴蝶飞不飞得过长江
它还针对一只青蛙
考验青蛙在井里的跳高水平

南粤是个很柔的词
柔得像珠江的腰一样软
我是个找不着调的北方佬
把一身腱子肉给南粤穿上
我用胸大肌换到了南粤的一条舌头
并用筷子夹住它使劲拉
把它拉得像北方的胡同一样直

2021-3-17

贝多芬的耳朵

它们，响着
月光下，它们响着
一对，两只
一只古典
一只浪漫
站在世界的两端
一个叫悲观主义，一个
叫英雄主义。响着
与世界的耳朵，三足鼎立
构成意志的表象，也叫
交响

不听，它们不听
任何声音，都不听
如两只手，把命运
的墓碑放倒，作为一架
钢琴。响着
它们一直响着，追赶
田园上的幽灵
对着世界的大耳朵
它们，响着

2021-3-16

飞　絮

它们来了，来了
一个词，跟着一个词
编辑句子，实际上
树，挂满了赞美的话

来了，来了它们
说些什么，重要么
在我们眼前，在皮肤上
只是很多赞美的嘴唇

不要说它们是流言，这
没有雪的空气，不会说话
而风的语言，我们有吗
那些句子，皮肤没有记忆

不像我们，它们只是想赞美
在生活的皮肤上，奉承生活
为什么会痒呢，我们
是否太敏感，对过眼的云烟

2021–4–23

一株虎皮兰的周末时光

我把光线从阳台赶走三分之二
好让它皮肤的斑纹不再刺眼
田七胆战心惊地爬到了高处
细嫩的叶片躲着森林之王

这是个阳光充足的周末下午
很多事物都在闹市中闲逛
没人想到它作为一种兰科植物
早已被黑森林错误地解读

它知道所有的猎枪都休假去了
这个下午不会有人与它谋皮
它终于可以形而上地看一看书
好让我一边浇水一边进入一种虚无

它知道它的斑纹是世界的第四维度
因此那些栅栏把它锁在时间内部
我只是把水浇在了它的尾巴上
我只是想让它的喉咙离周末远一点

由于我故意调低了虎啸的音量
阳台的一切开始性感起来
田七摇晃着腰肢俯视丛林法则
那些赶跑的光线又回到了书上

2021-3-24

油菜花里的黄蝴蝶

黄蝴蝶，黄蝴蝶
油菜花里的黄蝴蝶
你飞到东，东边黄
为何西边也金黄
你飞到北，北边黄
为何南边也金黄
你停下来，一片黄
为何风也一样黄
黄蝴蝶，采花蜜的黄蝴蝶
你白天飞，飞出个黄太阳
你晚上飞，飞出个黄月亮

你飞，你飞
你没完没了地飞
飞得油菜发了狂
你飞，你飞
你没日没夜地飞
飞得我成了春的色盲

2021-4-8

可可托海的羊

那里本来没有羊
只有一只披着羊皮的狼
狼对着草原号叫
叫出来一首好听的歌
好听的歌生下好多的羊
羊群选举头羊当了牧羊人
牧羊人学会了这首歌
唱给远方的姑娘

这首歌传到了伊犁
伊犁已穿上了嫁衣
央视知道了这个消息
春晚唱红了这首歌曲
牧羊人火遍了南北东西
那里的羊非常生气
说它们才是原唱的羊
结果却成了歌里的道具

2021-3-26

生活，它刚刚离开电梯

诗歌需要物象比如电梯
比如我忙着写一首十四行诗
电梯也忙着配合我十四个来回
比如我很吃力地爬着格子
电梯也很不情愿地喘着粗气
比如我想与电梯探讨一下爱情
它就像一张床一样吱嘎乱响
我想与电梯一起孤独一个回合
一支香烟冒出了香水的味道
比如我想聚焦一只蚊子
电梯却连一只小狗也关不住
比如我想写一篮子蔬菜
电梯门打开吐出的却是骨头
我准备描述一些轻的事物
电梯却“滴滴滴滴”显示超重
再比如我想来一点超现实的东西
电梯则卡在第九行和第十行之间不动
那就干脆写写童年吧
我老爸一脚让我穿越进电梯
说语文考那么点分还整天想着写诗

我吓得一边在书包上擦着鼻涕
一边赶紧从诗里颠儿出来
只见电梯门开了条窄窄的缝隙
一个美女冲我说这是一架天梯
我把诗往电梯门口挪了挪
最后还是没敢进去

后来我就魔怔了忘了家在几层
到了十四层电梯还是不停
于是我把十四行写成了三十多行
结尾时我想写写死亡玩玩
就怕电梯给我来一次空中惊魂

2021-3-29

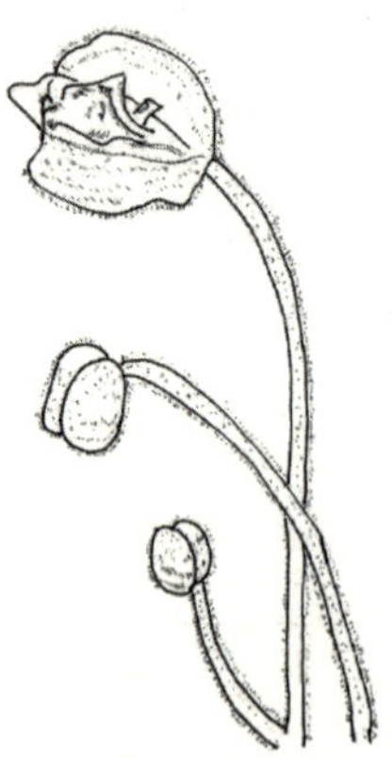

黎明忽然到来

月亮在夜的左岸
当我准备过夜的时候
它说它是我丢失的身份证

右岸有那么多的星星
它们是我夜游时必须经过的哨卡
每一颗星星都让我出示证件

我摸遍了所有黑色的口袋
然后在胸口把黎明掏了出来

2021-4-12

名字而已

名字而已
它们只是一种视觉
如天空，宇宙，神明
还有奥林匹斯
你说你看见了
你就这么叫一叫而已

名字而已
它们只是一种声音
如闪电，暴雨，命运
还有贝多芬
你说你听见了
你就这么喊一喊而已

名字而已
它们只是一种颜色
如玫瑰，麦田，梦呓
还有梵高
你说你摸到了
你就这么说一说而已

名字而已
它们只是一种艺术
如呼吸，孤独，死亡
还有卡夫卡
你说你闻到了
你就这么静一静而已

名字而已
它们只是一种东西
如坟墓，石碑，文字
还有叫诗人的人
你说你知道了
你就这么想一想而已

2021-4-14

那些开过的和正在开的花们

花，那开过的
无论何时开过的
我叫她们：姐姐
那正在开的，花
无论在何地开的
我叫她们：妹妹

姐姐，你们的脸冰冷
有多少开了的，又想再开的
心。天空的花瓶装得下
都装得下，你们
我的姐姐

妹妹啊，我走过你们
我举着花瓶。那么多
姐姐的心，构成
不曾凋谢的天空。开吧
你们开，你们开
为了，咱们不老的母亲
我的妹妹，妹妹的妹妹们
开吧，开吧你们

2021-3-23

燕窝之泥

它们高于你，高于
它们的家高于你的，永远
这你是知道的，知道的
但你吃过那个家，你说
你不是故意的，真的
你只是对那个东西好奇，好奇
有时候会害死一只猫，一只
像你这样的馋猫。它们
像幽灵一样盘旋，在你头上
筑巢，把春天的泥
衔进你的胃。你的肚子里
总有布谷鸟在叫
呼风唤雨，直到
你也变成泥，春天的泥

2021-2-25

鸟巢，在故乡摇摇欲坠

林子里，鸟巢与落日
重叠在黄昏的树梢
还有一刻钟，一刻钟
这两个圆圆的家伙
将隐没在故乡的根部
这时，我希望钢琴
与咖啡一同升起
像我高举的两只手掌
对着每一只飞鸟
送去饥渴，送去火
让它们知道夜的真相，故乡的真相
就是别打开那扇门
或者蒙住眼睛，蒙住
那两个圆圆的家伙

2020-5-5

偶遇

我路过一片金黄的草地，一个正午
如临产的孕妇手捧着我，正在
准备掉落的果子，我的身体慢了下来

一位黑衣人向我叫喊，说
我踩碎了很多光线，他刚刚画好的日子
我的脚停了下来

浇水的工人，把等着吃果子的鸟
惊飞，那些淋湿的翅膀
把我，和我的鞋子分开

我想把鞋子赔给叫喊的黑衣人
他说我的鞋子是一对抽象事物
不信你看它无依无靠的样子

2021–2–5

等待爬墙虎的一声吼

把手给我，兄弟
给我——你摇摇晃晃的手
让我扶你，爬过那个
你爬了几次都没有爬过去的
绞架

你说你不是牵牛花，兄弟
你不能伸手——你爬
你爬吧，趁着景阳冈月黑风高
趁着武松还没喝大
（他才刚刚喝完第二碗酒）
兄弟，你爬
你一寸一寸——地爬
我趴在一面长满青苔的墙上
咳嗽——都不敢咳嗽一下
我在等你爬到月亮上，兄弟
我在等你的，一声吼

我看见，真相在你头上
你爬，兄弟，你爬

2021–4–6

乒乓球

生活，这生硬的木板桌
两种声音弹跳——一只鸟
叫出的，求偶的声音
多么渴望默契，渴望配合
让这木然的生活，圆起来
那声音跳着，那球圆着
一只鸟没有起飞的冲动
地球，没有停下来的意思

2021-1-26

脐橙，我的孤独指向出海口

作为一个球形物体
我的孤独逐渐饱满起来

我悬挂着，在宇宙的子宫深处
像地球一样悬挂，被太阳的线扯住

六点钟，我的肚脐固定在六点钟
早晨或傍晚的六点钟，我和地球一般圆满

十二月，一把磨了整整一年的刀子
把我从一片海水的母体分离

作为基本熟透的一个肉体
我的肤色，很快与黄色人种一致

如同一次携带母语的流亡
那个疤痕，渴望从光明与黑暗之间脱落

我满意地坐在海的蓝色餐盘里
不再过问，脐带和胎盘去了哪里

当刀子或牙齿再一次落下
我唯一的出口叫了一声

2021-2-10

清明出行

出门，不必非等雨纷纷
行人，不一定偏走人行道
魂可断，要看前面有没有断桥

念叨亲人——高速公路
即使没有红绿灯
灵魂也堵得死死的

再堵，也废除刹车的规则
每一台车，时间都给出专用道
过了今天，空间就会现身说法

泪水——汽油或者柴油
这个日子，允许空中超车
心情沉重，应该比翅膀好用

下高速吧，随便哪一个出口
都能看见杏花村，酒家旗子飞舞
牧童说，今天不适合玩命

2021-4-5

我的三胞胎兄弟

信不信由你
反正我们是三胞胎兄弟

反正我一生下来
就已经有他们俩了

反正我爸妈过日子的时候
过的就是他了

反正我妈坐月子的时候
坐的便是他了

反正我躺在摇篮里的时候
他俩就在头顶了

反正我懂事的时候
他俩就出远门了

反正我在诗里说
我们称兄道弟大半辈子了

反正有一天我们会结伴同行
跟着唐僧去西天取经

反正我们都活得很开心了
不管取经容易不容易了

反正我们早就日月同辉了
不怕路上的妖魔鬼怪了

2021-4-26

杀死一棵树

电锯——锯头
它的头
明年就可以够着云了
（它曾多次向着云飞吻）
接着——砍掉胳膊
它的胳膊
已经能够和另一棵树握手
（它早就做着恋爱的梦了）
然后是绳索
把它五花大绑
（它想到耶稣的样子
两条交叉的路很像十字架）
最后是起重机
让它以上吊的姿势
轻松地离开人世
（它的脚第一次脱离地球）
以上过程耗时三十分钟
有三千片叶子成功逃跑
在一个大坑的四周
匆忙拼凑一份遗嘱
写下——请把我的遗体
献给棺材和绞架

2021–4–7

手撕鬼子

为什么呢，为什么不相信呢
如果我气沉丹田，用内功配合一下呢
如果演员练过一指禅、二指禅或者什么禅呢
如果导演义愤填膺，不手撕就决不杀青呢
如果鬼子就那么回事，哭着喊着让咱撕呢

我手撕一棵包菜的时候
怎么就没想想我可以手撕一棵树呢
我手撕一只盐焗鸡的时候
为啥就想不到能够手撕一头羊或一头牛呢
为什么呢，为什么不相信我的手头功夫呢

我手撕一张纸的时候
是不是在手撕一片正在飘过的云呢
我手撕一个黑夜的时候
是不是在手撕一个合理的假设呢
我手撕一本日记的时候
是不是在手撕很多逻辑关系呢

我手撕一个日子的时候
是不是在手撕一个数学方程式呢
我手撕一些眼泪的时候
是不是在手撕那些冲上沙滩的海水呢

那天，看过手撕鬼子的电视剧后
我便开始手撕一面镜子

2021-4-20

谁知道

风起了
树知道
风将何时停
树不知道

雨落了
地知道
雨将何时住
地不知道

雾浓了
路知道
雾将何时散
路不知道

酒酣了
杯知道
酒将何时醒
杯不知道

人老了
天知道
人将何时终
天不知道

你来了
我知道
你将何时去
我不知道

2021-1-26

四月一日

我问一粒准备入土的种子
这一天是个节日吗

节日啊，为什么
要用节日去愚弄节日
也许这一天最适合种下种子
我想把一首诗，一起埋进土堆
四周野蜂飞舞，尼古拉
用俄罗斯方块垒起城堡
门德尔松以优美的婚礼旋律
诱惑一个叫海伦的漂亮女人进来
我想采纳奥德修斯的建议
在城门之外，造一只像样的木马
既可以杀毒，也能祭祀雅典娜
至于拉奥孔，那个祭司
我认为他的警告也很有道理
让火神赫菲斯托斯，一个瘸子
把木马烧成灰烬，作为

诗和种子的有机肥，埋入土堆

那土堆长啊，长啊

长成了奥林匹斯山

于是，提大盾的宙斯在山上宣布这一天胜利结束

2021-4-1

乌云在停车场上空徘徊

母亲说，这鬼天气是我的童年
空荡荡的停车场，我的
所有的玩具车，去了修理厂
发动机和我的舌苔，一起
交给了一位老中医
他用西医的方式，用手术刀
把停车场划出穴位的标记
指出我的脉，符合冲程原理

母亲说，这鬼天气是我的童年
能玩的车都玩坏了
只能用一杆木头长枪
对准天上的乌云使劲射击
它们在停车场上空徘徊
我想让它们停下来
停在空荡荡的停车场
我想我不会让老中医收费的
它们不用交一分钱
只要把雨水交出来就行

这鬼天气是我的童年，母亲说

2021–4–25

一个用财富命名的温泉小镇

小家伙
你本来就是山沟里的孩子
他们给你起这样的名字
你喜欢吗

小家伙
你一直背着上学的小书包
他们给你换成了钱包
你背得动吗

小家伙
你从小就是光着屁股泡温泉
他们给你穿上了浴袍
你舒服吗

小家伙
我在你家门前一直发呆
像一只要被拔去羽毛的鹅
你看见了吗

2021–3–1

我看见我的鞋子哭着回家

真希望是两个女人，捧着玫瑰的女人
或者是两个少年，打着响指
抑或是两只小鸟，归巢夜宿的样子
哪怕是两条小狗，在门口吐着舌头
冲着我狂吠几声

我看见我的鞋子，哭着回家

真希望对两个女人，要一次大男子主义
或者把两个少年，教训一顿
抑或是把两只小鸟，统统关进笼子
哪怕是对两条小狗，伸出我的舌头
冲着它们狂吠几声

我看见我的鞋子，哭着回家

2021-2-15

梧桐，垂下一树毛茸茸的文字

抽着雪茄，烟熏太阳的语言
斑驳中垂落，圆圆的毛茸茸的文字
和喜鹊的青春相谈甚欢

喜鹊会说三种语言
法国话，美国话，中国话
那不是灵魂的圆球中伸出的三根羽毛吗

雪茄烧到指头的时候
喜鹊从一个枝头跳到另一个枝头
从一个上午跳到另一个下午

指头和枝头，也相谈甚欢
像雪茄的灰烬，不肯从灵魂的果实上掉落
傍晚时分，灵魂毛茸茸地抱住喜鹊

它们热烈亲吻并滚动在梧桐的脚下
梧桐的喘息，成为
子夜里海水那高潮的部分

2021-3-28

咸鸭蛋

老天，剥去了壳
你就这样让我开始了生活

这空气包裹的，这咸得有点蜇嘴的
生活，嫩滑，软糯

我想我最好一天一个，要不就两个
哦，两个，那会有点多

太阳嘛，我总是让它留在那里
我不吃，我怕诗的胆固醇升高

老天，我只是想用盐
把自己腌一下

2021-4-18

小雪

这一天，绝对是个节气
绝对不是个节气，这一天

好多漂亮姑娘跑出来
还跑出来好多上年纪的老太太
她们跑到天空下面，不是为了这个日子
只是因为，她们都叫这个名字

2021-2-16

悬崖上的村落

呜呲——我不可能骑上马匹
连我的诗歌都不会允许
也不能与羊角一起虚构头顶的景物
只能拽着山羊的尾巴爬上峭壁
这里有几百年的回音
祖传下来的古老呼号
让每一行诗句在天梯上战栗
呜呲——我没有资格诅咒这土地
母亲的原始版本深埋下骨头
遍布的羊粪会长出青草
还有跟石头一样的土豆
还有跟手臂一同伸出的玉米
呜呲——我怎能不赞美这天空
比生命还要高的生命
比身体还要低的身体
把孩子们清瘦的脸蛋儿轻拍一遍
再歌唱一遍吧

呜咃——请允许我虚构一匹马吧
并让我夸张地马踏悬崖
请允许我虚构无数个来回
我并不想一次接回一个孩子
我只想一次送上去一支蜡烛
等诗歌爬上峭壁的时候
呜咃——全部点亮它们吧

2021-5-26

一个名叫阳光的酒店

一

也许它从未想过
假如没有黑夜
它的名字会多么尴尬
我佩服它的勇气
是因为太阳落山之前
并未承诺它什么

二

他把自己装扮成黑衣暖男
一场暴雨让他成为卡夫卡的城堡
讲述墓地寒鸦的黑色幽默
我想让变形的飓风吹落他的白发
可我的灯打开后再也关不上
我还是想配合他一下
如果他不叫我
我不会把眼睛睁开

三

那些入住的人们真幸福
我想，他们应该不用带着月亮
我五十岁了，他们已过了百年时光
他们的房间应该没有床，我想

我盯着它的名字，道一声晚安
一百年以后，有个小姑娘
肯定有个小姑娘，在任何一个窗口
眼睛会对上我窗口的目光

一百年以后，我的玻璃窗
一定会长出一棵橄榄树
我也会把月亮，塞进我的皮箱
那时我在流浪，我在寻找另一个太阳

2021-5-24

生活，就是在路上赶着一群鹅

生活，这是生活
路上的一群鹅，我赶着
呆头呆脑的鹅，曲项向天歌

一大片云，在路上挪
这是生活，生活
嘎嘎直叫的鹅，对着世界说

喇叭不听，车也不躲
笨手笨脚的鹅，不温又不火
生活，这是生活

这是生活，生活
挺胸昂首的鹅，有时也沉默
风尽管刮，雨随便落

我赶着一群鹅，别问我
是去屠宰场，还是去天上的河
我说过，这就是生活

生活，这是生活
我赶着，路上的一群鹅
摇头摆尾的鹅，摇头摆尾地生活

2021-1-25

海上飘来一艘船

一

你完全可以说这是一种现象
在我和海的意志之外漂移
你也完全可以说这是一个纯偶然的物体
在一本哲学书里有很多类似的东西
可我不能不去想海的绝对必然性
不能不想它这种推送的方式
也许是为了推一个沉默给我
也许就是推一句话给我——
有些事物你不必说破

二

那又何尝不是，我们
向天边喊哑了嗓子的一个回声呢

三

余下的，我会留在以后告诉你
现在我要告诉你的是
海上飘来一艘船
它不一定说明什么
它一定说明了什么
问题是，我们想不想让它说明什么

2021-5-13

一只想喝咖啡的蝴蝶

傍晚七点，我看见它飞进商场
把周末的生活匆匆闻了一遍
很快，它跟上高跟鞋的节奏
在刺鼻的香水区域徘徊了三圈
它知道开花的日子应该不远
就把流行的女装试穿了几件
然后趾高气扬，飞过收银台
我估计它兜里没带一分钱
否则掀起的气流为啥没有铜臭

七点半，它找到了咖啡服务区
落在一只像是笑口常开的杯子上
两根触须仿佛享受着空气之轻
于是我学它的样子咬住两根吸管
猛吸几口它炫耀的蝴蝶效应
很快我的胳膊有了翅膀的感觉
一路跟它进入咖啡般的夜色
我睡不着，眼前都是拿铁的味道

2021-4-11

医院的大钟停了

停了，它终于停了
是时间放过了它，还是
它想通了，对时间放手了
总之它终于停了，停了
那些白大褂们，那些
听诊器们，还有呼吸机和
手术刀们，你们赶着钟点上班
比大钟还累，你们好好放个假吧

那么多，没有开出去的药
天天当饭吃当水喝当日子过的药
吃了上顿还有下顿再下顿的药
太阳吃月亮吃星星也要吃的药
固体的液体的雾里看花的药
圆的椭圆的圆你一个梦的药
真的假的铺天盖地打广告的药
名人吹的电视播的信誓旦旦的药
白的黑的装个胶囊像子弹的药
苦的酸的裹着糖衣像炮弹的药

软的硬的软硬都要吃的药
贵的便宜的死活都要买的药
掏空你腰包再掏空你身体的药
晨服的夜服的让人不得不服的药
服了活不好不服活不了的药
包治百病的长生不老的药，你们
统统地，自己把自己服下去吧
你们早就病得不轻了

至于那个太平间，为了
保持太平，建议改成歌舞厅
不用躺着进来，那些生命
活蹦乱跳，除了那个大钟

它停了，它终于停了

2021-4-29

顺德油盐饭

油说，时间要吃米，要吃米
盐说，人要吃饭，要吃饭

油泡住了时间，时间还是跑，还是跑
盐腌住了人，人还是吃，还是吃

一只用土做出来的陶罐
土把它从土里挖出来

时间在罐子外面跑，还是跑
人在罐子里面吃，还是吃

一个西装革履的外乡人，手机拨通顺德
大声吆喝——妈妈，我饿

2021-2-28

昨夜漫长

夜，坑坑洼洼的
暗示我饥饿行走的呼吸，急促
黑色的冥想长满雀斑
谁信呢，说是星星
炫耀夜的金刚钻
为数羊的人，刻下
失眠症的大理石纹，斑驳
是一卷梦游的饕餮食谱
摆在坑坑洼洼的餐台上
我开始吃，那黑
黑的豆子，芝麻
黑斧与黑豹，我吃
我吃，黑月亮
和那黑洞，我钻进去吃
吃掉夜的黛玉，墨汁
那乱石丛生的黑，我吃
上菜的是两个大天才
毕加索，莫扎特

早上刷牙的时候
我“嘿”了一声
接着又“嘿”了一声
把一夜的黑
全部吐了出来

2021-4-1

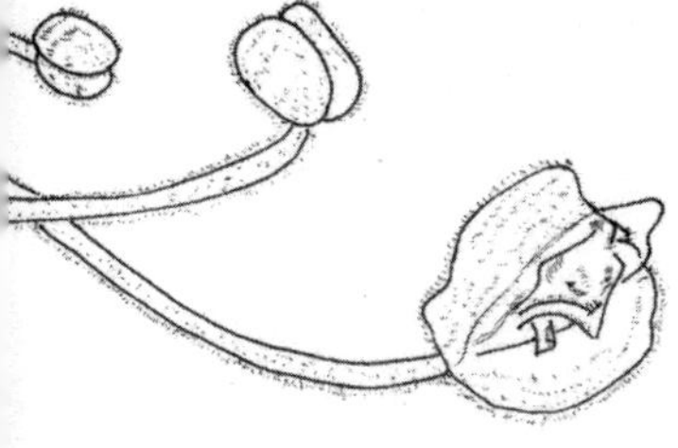

阅读课

苏东坡，没得说

一

东坡，东面的坡
只见太阳升，不看太阳落
对着日头，这是千年的东
过着日子，这是千年的坡
这个老居士
就是想用头顶那个明亮的家伙
引诱你去爬他的坡

二

这人有性格，有性格
上得朝堂，下得草房
给间茅舍，人家照样呵呵
陪玉皇大帝聊聊天
跟小民乞丐唠唠嗑
几杯酒清，几杯酒浊
不要说宰相肚里能撑船
人家能让船和宰相一起在酒杯里过
古人云，那叫觥筹交错
如今俗话，哥们儿走一个
苏东坡，没得说

三

东面的坡，也能看见婵娟
那个总让他失眠的女人
没少教他别问今夕是何年
让他明白人活一千年多不容易
东坡，这人没得说
就坡下驴，守个丹田
种点小菜，栽点水果
养活一大家子，几百口子
咱们小学中学都读过，都背过
要么叫诗要么叫歌
没得说，这人没得说

四

这人没得说，把竹子染黑
可以作笔，也能当墨
让竹子生儿子，生儿子
长得像矛，也叫笋子
把地顶破，把天捅破
捅出个月亮，月上竹梢
像一只白猫，死瞪着黑猫
让那竹子弯不下腰
让那黑猫睡不好觉

五

幸亏这人没做和尚

还有点酒量

幸亏这人娶了老婆

还走哪儿跟哪儿

幸亏这人喜欢得罪朝廷

唾沫比诗词还多

幸亏这人有个弟弟

还挺认这大哥

幸亏这人爱吃带皮猪肉

还不会挑肥拣瘦

幸亏这人当年只会造堤修湖

压根儿还不懂什么高速公路

六

有货，这人肚里有货

骂人从来不带脏字儿

一写东西就让大宋紧张兮兮

养条大狗都叫“乌嘴”

难怪头上总顶个大黑锅

让人觉得肚里在炼丹，有货

七

东坡，不知这人头发还有几根

一把梳子，梳到海南

梳了白头，再梳狼毫

梳了一千年

梳个没完

八

这人没得说，没得说

四川眉山一条河，他老家

那水还在流，还在流

因为水调歌头，因为临江仙

但愿人长久，一尊还酹子瞻

因为水光潋滟晴方好

龙门阵，摆着

因为高处不胜寒

格老子，喝着

2021-6-1

是到灯塔去吗

——致伍尔夫

是吗
是它吗
是灯塔吗
是到灯塔去吗
是马上到灯塔去吗
是海上的那个灯塔吗
是孩子们说的那个灯塔吗
是你书里写的那个灯塔吗
是你死后还在的那个灯塔吗
是意识流流出的那个灯塔吗
是现代派派来的那个灯塔吗
是形而上上面的那个灯塔吗
是超现实主义超出的那个灯塔吗
是魔幻之光变幻出的那个灯塔吗
是黑暗中盯着我们的那个灯塔吗
是白天也在瞪着我们的那个灯塔吗

是去吗
是梦游去吗
是穿越去吗
是喝醉了去吗

是打墓地去吗
是从希腊去吗
是偷偷摸摸去吗
是疯疯癫癫去吗
是形式主义去吗
是实用主义去吗
是带二维码去吗
是带支付宝去吗
是划着小木船去吗
是坐豪华游艇去吗
是开着直升机去吗
是套上救生衣去吗
是穿上比基尼去吗
是带着油盐酱醋去吗
是敲着锣打着鼓去吗
是喝着咖啡吃着奶酪去吗
是奏起交响乐叫上贝多芬去吗
是背起画架和毕加索一起去吗
是端着渔叉跟着鲨鱼和海明威去吗
是抱着城堡跟着乌鸦和卡夫卡去吗
是扛起托尔斯泰的猎枪子弹上膛去吗
是拿本但丁的诗集一边朗诵一边去吗
是带上手机配上自拍杆发着朋友圈去吗

是八仙过海之前去吗

是泥牛入海之后去吗
是海内存知己的时候去吗
是海上生明月的日子去吗
是赶着可可托海的羊群去吗
是押着加勒比海的海盗去吗
是去看看那里的灯是否长明吗
是去问问那里的塔能站多久吗

是带上你的书去吗
是叫醒你一块去吗
是仅仅到此一游吗
是一去不复返了吗

是去为想去而没去成的人立一座墓碑吗

2021-4-22

吃不了，兜着走

——致乔治·奥威尔

一九八四太冷
伦敦的雪太多，太黑
吃不了，兜着走

工作服发蓝，机器发蓝
电屏张开蓝色大口
吃不了，兜着走

脑子操蛋，时间混蛋
二月你个奶奶，原子弹
吃不了，兜着走

二加二等于五，等于五
咖啡加牛奶，等于狗
吃不了，兜着走

香烟胜利，胜利杜松子酒
味道真油，奥布兰的面包
吃不了，兜着走

茱莉娅性感，头发太长

温斯顿太瘦，都是骨头
吃不了，兜着走

你种下一棵栗子树，胖女人
长出红胳膊，红胳膊的果子
吃不了，兜着走

动物农场没动物，有星星
一九八四数星星
吃不了，兜着走

2021-5-17

肥皂泡

——致敬希腊悲剧

希腊，把悲剧斟满酒杯
孤注一掷，向着爱琴海的神秘
肥皂泡，多么美妙的肥皂泡
希腊，是男人都会爱上你

起舞吧小精灵，脱离权势的轨迹
那些拒绝酒精味道的东西
醉酒的舞者哈哈大笑
当然，一起大笑的还有空气

肥皂泡，自己破坏自己的肥皂泡
一个接着一个。连悲剧的酒杯
一起摔碎。看希腊这个女人
她还有什么，肥皂泡一个又一个

肥皂泡的姿势，一个漂亮女人的裙子
掀起来，露出海水晶莹的胴体

2021-1-27

听我的，没人吃得了你

——和刘傲夫《一条鱼的N种死法》

听我的，你是鱼
也不是鱼，你要听我的
你活在水里，也不活在水里
有人说，你有N种死法
相信我，没人吃得了你

听我的，你要学会用手（你有手）
把引诱你的鱼钩拉直，当然
到嘴边的饵，可以吃
并把钓你的那个家伙拉进水里
让他明白谁钓谁的问题

听我的，你要学会用脑（你有脑子）
当一张网罩住你，你要把自己当成黑客
和一张网比一比暴力，看谁够黑
并把捞你的那个家伙兜进网里
发动你的水军，把他呛死

听我的，你要学会用语言（你有语言）
当一双筷子夹住你，准备咬你
你要说你是他的先祖，关于海
关于你和他的故事，他会有兴趣
会像对待祖宗那样，让你咬他几口

听我的，你要学会用灵魂（你有灵魂）
当人类张开血盆大口，扑向你
你要游进一座庙宇，面佛而卧
请一位和尚，双手合十
让人们在你身上，敲打人类自己

听我的，没人吃得了你
死和被吃是两回事，听我的

2021-2-12

女拳手，给我一拳吧

——致电影《百万宝贝》中的女拳手

一拳，狠狠给我一拳
把我当成打倒过你的对手
不用勾拳，左或右
一个直拳，就足够
打晕我，让我眼冒金星
星光灿烂，连你在内
让我五官扭曲，如身边
不停击打你的世界
再让我趴下，听你
美丽的声音，数到十
我不会起来的，不会
这是一种银幕外的胜利
观众们，和你一起
数，并将我像沙袋一样
抛给你。我的沙子
一点点泄漏，像你在意的
生活，堆积成一座山包
高于，我们看到的蒙太奇
然后，我走出影院
长出一口恶气，向那个
拔掉你氧气管的家伙
砸去一百万，美金

死不了的盖茨比，了不起

——与菲茨杰拉德来不及商榷的问题

菲茨杰拉德，他怎么可能让你死去
盖茨比，了不起的盖茨比
海水让小说有了续集，我让剧情反转了结局
死不了的盖茨比，这世界怎么能没有你

西蛋，你别墅的灯火还是那么辉煌绚丽
东蛋，与无数男人女人云集你著名的泳池
（尽管很多红男绿女想认识却并不认识你）
你的泳池盛满了地球上的海水，是的，是海水
（海水说泳池已成为全球情侣的旅游胜地）
那把背后瞄准你的手枪，已被海水吞没
那颗该死的子弹并没有击中你，它
只是穿透了一首诗，永远留在地球的博物馆里
那仰面倒在泳池的，根本不是你，不是你
只是你的影子，你的影子染红了一片海水罢了
（海水说那红色液体只是它喝剩的葡萄酒而已）
了不起，了不起，死不了的盖茨比
人们还在着魔一般找你，别墅和泳池都找不到你
只有我，只有我知道你在哪里
你一定是站在老地方，正孤独地遥望那束绿色的光
我知道你对水面上东蛋的那束绿光深信不疑
不过盖茨比你不要着急，也不必忧虑

东蛋那边已经没有了黛西，那个死黛西
由于你总是不停地，不停地甩出漂亮的衬衣
她被山一样的衬衣压住，停止了呼吸
（那个黛西对不起读者和观众，海水想让她窒息）
但那束绿色的光一直还在那里，还在那里
这肯定不是作家和导演故意安排的，这
绝对说明一个问题，我对此深信不疑
——这世上有些东西不会死去，不会死去

盖茨比，了不起的盖茨比
你一直盯着那束绿光，盯了一个世纪
死不了，必须活着的盖茨比
为了那一片海水，你还在使劲地甩着衬衣
我想和你一起手舞足蹈，更远更长地
把手臂向着海水伸出去，伸出去
让我们在那片水面挥桨向前，推动船只
哪怕又一次，被逆流冲回到那个过去

盖茨比，了不起的盖茨比
菲茨杰拉德说过，你的故事未完待续
了不起，死不了的盖茨比
死一次复活一百次，又有什么关系
海水说你死不了，你就一直这样活下去
我说你了不起，你就了不起

2020–3–26

海子与另一个海子

——写于诗人海子的祭日

你应该知了天命了
你都活了五十有六了，到了我这个岁数了
不再是当年那个路过山海关的青年了
你看你满脸皱纹胡子拉碴鬓角斑白
你已经在做一个幸福的人了

春暖了，花也在开
大家都准备摘下口罩
认真学习喂马、劈柴
每一条河，每一座山
你取的温暖名字今天还在

三月生，三月死
三月是你盛大的节日
三月是你海边的房子
住得下野花的手掌和秘密
三月是另一个海子的铁轨
铁轨枕着厚厚的青草和盐
伸向父亲母亲，伸向你的麦地

还有德令哈的戈壁，姐姐
以及麦地的月亮，笑容
还是那样神秘，可掬

我在诗歌的祭坛上
找回了你所有的骨头，所有的
这骨头属于十个海子
那是你随意丢弃的，就像
你散在人间的所有诗歌
只有那草原上的骨头，与马
的骨头一样，发绿
这是三月里死去之后
三月里复活的，另一个海子

那年，你只身打马过草原
其实，那不是你一个人的经历
你如果，像回望额济纳姑娘那样
回一回头，会发现你最后卧下的地方
成就了两条铁轨
一条是你，一条我希望是自己

2020-3-26

黑塞，黑白分明的黑塞

一

黑塞，这人有点怪
为了对付夜的黑
养一头荒原狼
却用夜的梳子，梳理
狼语，让夜更黑
然后与狼共舞，向夜空
号叫，把星星吼下来

二

姓黑，这人
除了眼睛，一身黑
却不喜欢黑
想用广告油漆，把夜刷白
我叫他黑哥
黑里透白的，阿黑哥

三

这人也不姓黑
黑，只是他的胎记

或者一起降生的，白
的双胞胎。其实
小市民姓啥，他就姓啥
小酒馆喝啥，他就喝啥
醉了，就把狼灌醉
让它去追鸽子，白鸽子
追到一棵南洋杉旁
孤独，把白鸽子
追到世界的小阁楼上
彻底孤独，让白鸽子
孤独

四

黑塞，比夜更黑
黑得孤独，让霓虹灯闪
闪出张牙舞爪的字母
让狂人在字母中发狂
把黑吃掉

2021-3-19

老人，与海一同叩响双筒猎枪

——致海明威

这老人有病，病得不轻
去海里捕鲨，捞回来一本书

血压随名气升高，高得不行
诺贝尔都压不住他

这老人有病，一栋别墅
书架上有本书，也有高血压

用自己的名气斗牛，有病
用一本书把牛刺死，牛死不服气

这老人有病，胃口真大
双筒猎枪，一口吞下

一个人不过瘾，把海叫到家里
一起叩响扳机，并让猎枪自杀

临了，还说
丧钟，为完美敲响

这老人有病，鲨鱼也被传染
从书里跳出，为老人敲钟

2020-3-28

你为啥给猫头鹰当爸

——致加西亚·马尔克斯

一

你为啥，要给猫头鹰当爸
你就是想好好训它，让它听你的话
白天到柑橘园，给尤利西斯送信
晚上骗祖母沉睡，再去诱惑埃伦蒂拉
这鹰不傻，一点不傻
一点不比金刚鹦鹉差
你就是不训它，不给它当爸
它照样会干人事儿，听得懂人话
这鹰有个好爸，有个好爸
眼睛圆得像葡萄，脑袋圆得像西瓜

二

尤利西斯，这小子有一套
学猫头鹰叫，叫得人死活睡不着
叫得埃伦蒂拉，火烧火燎
学猫头鹰干掉黑夜，把祖母干掉
先用毒药，不行就用刀
这女孩有一套，借猫头鹰杀猫
让尤利西斯想不到，想不到
背叛猫头鹰，这女孩有一套

别看年纪还小，有一套
驯鹰的人，为了当个好爸
催她快跑，使劲催她快跑
这爸有一套，真有一套
尤利西斯没想到，猫头鹰没想到

三

你以为长一双巨翅
就算是孤独了吗
你以为孤独了一百年
就化作枯枝败叶了吗
你以为到了礼拜二午睡时刻
就一定是个恶时辰吗
你以为那双蓝狗的眼睛
就同情那个没有人给他写信的上校吗
你以为每一个族长的秋天
就百分之百能够闻到番石榴飘香吗
你以为霍乱时期的爱情
就是梦中的欢快葬礼和十二个异乡故事吗
你以为世上最美的溺水者
就成了一个海滩幸存者的故事吗
你以为爱情和其他魔鬼
就足以给猫头鹰当爸了吗

你以为当了猫头鹰的爹
就走进逝去时光的海洋了吗
你以为踏入一片海水
就等于超越爱情的永恒之死吗
你以为死而复生的超越
就是幽灵船的最后一次航行吗
你以为航行的幽灵不靠岸
就做不成出售奇迹的好人布拉卡曼吗
你以为布拉卡曼卖掉了奇迹
就不能让纯真的埃伦蒂拉出现奇迹吗
你以为残忍的祖母制造的悲惨故事
就不能让猫头鹰的爸爸改写吗
你以为他改写的人间喜剧
就不能再次获得诺贝尔奖吗
你以为获得了那个奖
就不会再让他孤独了吗
你以为他再怎么孤独
就不会长出一双巨翅了吗

2021-4-27

我想把石头都给你
——致米开朗琪罗

给你，给你
所有的，这些石头
都给你，都给你
你刻，你刻
让你死去的，那世俗
让你穷困的，那金钱
让你锋利的，那缪斯
让你复活的，那母亲
你我的母亲，人的母亲
你刻，你刻
我给你石头，一切石头
给你白色的，黑色的
棕色的，黄色的
一切，那包裹人类血色的
石头，统统给你
你刻，你刻
白人母亲，黑人母亲
棕色人种，黄色人种

所有，我们想到的母亲
你刻，你刻
刻在我们头上的穹顶
署名：米开朗琪罗

我把石头给你，都给你
你刻，你刻

2021-4-9

米拉波桥，诗人保罗在跳

米拉波，桥
为了让母语，携带头颅
和血，一起通过
一些词语成了罂粟
另一些词语成了石头
黑牛奶，喂过它们

跟着一个人，身后
很多诗，在跳
很多词语，在跳
往下，往水里，跳
跳下的，是拉结墓
与那堵哭墙
淹不死的，是巴别塔
以及，母语
的母亲，耶路撒冷

黑牛奶，溅起浪花
保罗让我喝。抚摸他的
脸，犹太人睁大眼

枪口，黑牛奶的眼
罂粟挽着石头
桥，母语和一个国家
挽着手，通过

跳啊，桥，米拉波
浪啊，黑牛奶，塞纳河
诗，淹死
怎么可能
我念着：米拉波
捞起，保罗
他，还在数
那些个杏仁

2021-3-11

莫迪亚诺，这家伙的咖啡不错

一

一个做咖啡的，巫师
用笔尖刺破黑色的，他的豆子
巴黎从他的豆子中穿过
地铁从他的书中穿过
终点站，在这家伙的杯子里

这家伙，坐在孔岱那个最窄的门后
收购巴黎所有的咖啡馆
塞纳河，也被他收购
让这河里流咖啡，这家伙

莫迪亚诺，这家伙的笔也刺了我
刺了我，让我穿过他的豆子
坐进他的杯子，冒热气的杯子

二

这家伙，总在星形广场夜巡
牵一条狗，只喝咖啡的狗
这狗整夜不睡，还不让咖啡馆关灯
这家伙住环城大道，一栋凄凉别墅
他只在暗店街露宿，从不回家睡觉

三

一款白咖啡，名叫一度青春，这家伙
起的名字。那是一个八月的星期天
这家伙正要去蜜月旅行，他把这名字
装进行李，说它来自遗忘的最深处

四

这家伙的咖啡不错，确实不错
不信你可以去问多拉·布吕代
这人是咖啡家谱的行家
整天在青春咖啡馆演讲
说什么咖啡就是夜的草，夜的飘移
使劲喝，这样你就不会迷路

五

不错，这家伙的咖啡不错
我喝过，我的诗也喝过
我俩飘移在夜的街道
没迷路，我俩都没迷路

2020-3-30

倒立的姿势，尼采

尼采，倒立的尼采
用脑子走路，走向死海

尼采用死海之水写书
海水发红，死海

死海死于尼采前面
把叔本华倒过来，脑子走路的尼采

悲剧，希腊的悲剧
酒神将瓦格纳灌醉，然后与女人决裂

让尼采去疯，跟着去死
直到死得不能再死，死在死海面前

死了以后向活人叫卖自己的书
死了还倒立，让死神去哭

所有的女人大笑，把尼采正过来
鞭子死了

2021-2-8

瞧，这个人

——致尼采

瞧，这个人
这个死了一百二十年的疯子
还在用一百二十年的火焰烧自己
还在欢呼自己疯了
即使秋天再不忍心
也把这疯子埋了一百二十次

瞧，这个人
死前就是不结婚
却生了个教人发疯的儿子
查拉图斯特拉早就应该叫他父亲
这父亲给朋友写信写个不停
把自己当作森林之神
提醒大家带上鞭子去见女人
所有信件都证明这父亲真的疯了

瞧，这个人
有个陪在身边的妹妹
陪他度过酒神的黄昏

却以黎明的口气向妹妹发问：
伊丽莎白，你为什么要哭？
难道我们不幸福？
瞧，这个人
让妹妹感觉病得不轻

瞧，这个人
这个由骆驼变成的狮子
这个活了一百七十多年的孩子

2021-4-3

山羊胡老王

——致敬王洛宾

一

在那遥远的地方，一只老山羊
胡子漂亮，赛过好姑娘
不必走过帐房，不用回头张望
漂亮，胡子漂亮
我真想去草原流浪，跟着老山羊
或者变一只小羊，赖在它身旁
让它把胡子当皮鞭，像
那些歌，打我
狠狠打在我身上

二

老王，山羊胡老王
歌有多长，胡子就有多长
歌停不下，胡子不用刮
一声萨拉姆，胡子使劲长
从北京胡同，长到新疆
张嘴亚克西，胡子还在长
不信就去吐鲁番西三百六
问一个叫阿拉木汗的姑娘

她的眉毛和腰身会告诉你
什么样，那胡子长成什么样

三
长，那胡子还在长
长起来没边儿，没样儿
从老王下巴，漫过胸膛
胡子在长，一直在长
从半个月亮，垂到地上
依拉拉，半个月亮胡子老长
请你打开纱窗，依拉拉
看那胡子一串串，葡萄模样
依拉拉，你要想把葡萄尝
等吧，等到山羊变绵羊

四
命硬，山羊胡命硬
一把胡子长又硬，一条石路硬又平
达坂城出名，辫子和胡子都出名
马车带着嫁妆，刮胡刀嫁给别人
山羊胡命硬，辫子证明
坐马车的妹妹也可以证明

五
监狱，关住老王

关不住胡子，胡子太长
老王越不过黄昏的高墙
胡子却像早晨的炊烟
穿过电网，直奔太阳
狂，山羊胡老王
跟草原秋风一个样

六

老王，山羊胡老王
胡子上挂风铃
捋一下都是歌
数过，我真的数过
像草原挂露珠，数不清
山羊胡挂了多少风铃
响起来没完，叫你
左嗓子发痒，吐出来的
也是胡子，像龙须
又叫美髯

七

1989，我在广州
老王，我掀起了你的盖头
山羊胡从歌里钻出来，钻出来
颤悠悠，西北胡子颤悠悠
我看见，南方的云在发抖

在发抖，人类的嗓子在发抖

八

山羊胡老王，你瞧
别个那哟哟，青春小鸟
飞去又回来，做巢
在你胡子里，别个那哟哟
胡子一鞭钟情，抽了我
别个那哟哟，我对小鸟叫
你瞧，我总算开了窍

九

老王，一千根胡子
一千根弦子，弹
琴在天上，飘
一万朵雪花，堆
一只白山羊，老王
山羊胡老王

2021-5-21

托翁，老头有种

——写给托尔斯泰

一

老头打仗，给战争一枪
再给和平一枪
枪杆子里出书，大部头
给战争一本，给和平一本
开过枪的老头，一枪
一个窟窿，人性的窟窿

二

萨马拉庄园，6000俄亩
不当大地主，老头有种
偏要写书，300匹骏马
让手稿奔驰，在鞭子上做梦
让农民看书，自己
去看农民，有种，有种

三

做个瓶子，开个口子
把安娜放出来，给世界惹点乱子
对伏伦斯基，拴根绳子

让读者爬上他的脑袋，竖个梯子
到头来发现，这小子是个瓶子

四
用猎枪，干掉猎枪
用他杀，杀死自杀

五
下笔够狠，够狠
弄一条龙，血盆大口
悬一根树枝，抹两滴蜂蜜
把我吊在枝头，老鼠
一白一黑，也叫昼夜
啃树枝，啃我，啃我
有种，老头，老头

六
索菲亚，索菲亚
躲开她，躲开她
老头有种，高龄马车
一副棺材，不想在家
死给我看，死在天涯
在雪里复活，复活，老头有种

2021-4-15

瓦尔登，湖?

——与海子商榷梭罗的脑子及有关问题

一

瓦尔登，湖?
海！瓦尔登
海的儿子，儿子的儿子！

二

梭罗这人有脑子，没桌子
摊开地图
摆个珊瑚

三

梭罗这人有脑子，没窗子
一间木屋
困住荷马

四

梭罗这人有脑子，没毯子
盖住冰山
露出大船

五

梭罗这人有脑子，没坛子

装进尼采

酿个酒神

六

梭罗这人有脑子，没帽子

换种玩法

假扮海盗

七

梭罗这人有脑子，没骰子

沉到海底

六面朝上

八

梭罗这人有脑子，没鼻子

思考石头

或者叫礁

九

梭罗这人有脑子，没沙子

吹进眼睛

称作飓风

十

梭罗这人有脑子，没麦子

脖子他爹

肚子他爷

十一

梭罗这人有脑子，没裙子

脱掉袜子

调戏裤子

十二

梭罗这人有脑子，没胆子

旱死豆田

养条鲨鱼

十三

梭罗这人有脑子，没尺子

量量鞋子

逗逗斧子

十四

梭罗这人有脑子，没法子

来点盐巴

脑袋变咸

十五
梭罗这人有脑子，没妻子
洁白乳房
两只海鸥

十六
梭罗这人有脑子，没儿子
一匹白马
渡他过水

十七
梭罗这人有脑子，没鞭子
鞭在我手
轰他下海

十八
梭罗这人有脑子，没杯子
捧起海藻
砸碎酒瓶

十九
梭罗这人有脑子，有脑子
咬一本书
嚼蓝这湖

2020-4-10

银河里的小波

——致王小波

小波小波你就是小小的波
银河银河就是你大大的河

小小的波没想掀起多大的浪
最多放个震动北京城的大炮仗

后来你真的放了一个又一个
一个女人在天上接到了冲击波

女人不吃你因为你唱了首好听的歌
歌名叫孤独是丑的灵魂也会寂寞

假如你像但丁或彼得拉那样口齿不灵
五线谱上的信怎会生出宿缘的生命

你的歌让银河之水流进了沙漠
再多的金属也压不垮一头瘦高的骆驼

无论黄金白银还是黑铁的分量
让你的牙痛不会比斑马纹更多

即使绿色的铜你也照样驮过
让它变成绿毛水怪游进了银河

我一直在寻找夜空里那可爱的小家伙
你却总是问我人到底为什么活着

你是个幸福到家的爷们这一点没错
哪怕东宫西宫都比不上有个天上的老婆

人家一边读你的小说一边给你采蜜
小波啊小波你就是甜甜的波

2021-5-25

在你摸爬滚打的一路上

——致杰克·凯鲁亚克

吃你的喝你的用你的住你的
在你摸爬滚打的一路上
你的三明治还没变味你的啤酒一直冒泡
你的帆布包鼓鼓囊囊你的帐篷摇摇晃晃
就是吃你的就是喝你的让你掏不出半个美分
就是用你的就是住你的让你穷得叮当响
在你摸爬滚打的一路上
看你的听你的唱你的跳你的
东部的西部的高原的山谷的城市的小镇的
穿州过县的充满苦难的令人心悸的
狂欢的郁闷的鸡飞狗跳的腾云驾雾的
你的一票哥们还在发神经你的那个小妞还在摘葡萄
在你摸爬滚打的一路上
搭你的不搭你的理你的不理你的爱答不理的
自驾的别人驾的轿车的大卡车的灰狗巴士的
坐气球的变成石头的揭开蚌壳的
有目标的没目标的到终点站的没到终点站的
累得像狗睡得像猪装得像人活得像鬼的
抓住一些具体东西的没抓住任何东西的

车像烟屁股一样还在冒烟还有谁再抽几口
在你摸爬滚打的一路上
年老的年轻的邋遢的寒酸的司机们乞丐们狐朋狗友们
云里的雾里的肉体的灵魂的天堂的地狱的
甜的酸的咸的苦的涩的辣的芥末呛得刺鼻的
咖啡加不加糖你都不在意谁又会在意
在你摸爬滚打的一路上
垮掉的没垮掉的死了的活着的死去活来的
动身的没动身的准备动身的不能不动身的
说走就走的说走不走的说了就必须要走的

看够了一城灯火想看又一城黑灯瞎火的
带上一张大白脸写诗的写了就随手扔掉的
在你摸爬滚打的一路上

2021-5-18

我怎么着都行

——致阿尔贝·加缪

你想从墓碑前或是墓碑后
伸出冰冷的手，交给我一块石头
顺便把“加缪”两个字，用鹅毛笔
蘸上那片海水或者那个阿拉伯人的血
为我签在一本书的局内或是局外
没关系，我怎么着都行

你想让我早出生二十年或多少年
争取赶得上你不外露的悲痛，陪你
一起参加一位法国母亲的葬礼
或许养老院的院长，他严厉要求我
只能在局外见证你确实没哭，没一滴泪
没关系，我怎么着都行

你想我不妨变身那堆昏暗的岩石
或是那岩石后面的清凉泉水，目睹——
那把枪，那五颗子弹，那个阿拉伯人
之间没什么联系，而是那午后的太阳
晃晕了你的眼睛。也许我什么也没看清
没关系，我怎么着都行

你想我在那个法庭传唤证人的时候
站出来，第一个或者最后一个出庭
面对那个义愤填膺的检察官
敞开一下胸怀，让这个世界上
那些温柔的冷漠看一看我的纹身
没关系，我怎么着都行

你想在被处决的那天，我不光是
要来现场观看，最好是写首诗歌
号召全法国的人都来，一边看
一边爆发仇恨的呐喊，也许我会体验
幸福的你，并不感到多么孤独
没关系，我怎么着都行

你想我可否再来一趟法国，来到
那个名叫维勒布勒万的小镇，你说
当年曾有一场车祸在这里发生
默尔索那家伙，也许会以局外的身份
把一些局内的事情讲给我听
没关系，我怎么着都行

2021-5-11

是儿子，这人是儿子

——给诗人海子

一

海子这人是儿子，是儿子
给海叫爹，给草原叫爸
按照我们老家的习惯
儿子都喜欢前者的叫法
对那些东西，大过他脑子的东西
他是儿子，或者儿子的儿子

二

不愿长大，就是不愿长大
25岁，一岁都不长
铁了心，抱住25岁的铁
死也不长大，不长大
为了当儿子。这人是儿子
这人今天还是儿子

三

吃下麦地和盐矿，吐出铜
也可以叫，变绿的骨头

这应该是他长不大的秘密
这儿子从小不缺营养，一点不缺
这儿子像儿子一样高兴

四
海子这人是儿子，是儿子
这儿子喜欢马和砍刀
走哪砍哪。马尾拴上好听的名字
叮铃咣啷，摇头晃脑
头长高一截，自己就砍掉一截

五
不缺钙，他的眼镜不缺钙
还用太阳猛照，把眼镜照瞎
可他还是瞧见了额济纳
这儿子一点儿不傻
用海水做邮筒，挂在德令哈
一点儿不傻

六
是儿子，海子这人是儿子
爱上幸福人家的女儿
（愿接吻成真）

写好多情书，交给老爹喂马
（也愿马儿发情）
告诉老爹自己没有结婚
还要自己跟自己生儿子
生下十个，都叫海子
命令他们站成一排，面朝大海

七
有张床，这儿子有张床
我给他做的，用他砍柴的刀
劈开海水，取出海螺
海螺的床，生出海的儿子
幸亏海里有海星，有海胆

八
瘦哥哥，躺在床上的瘦哥哥
我把海螺放在你身边
她就是你额济纳的妹妹
她的怀里，也有一块黑铁

九
海子这人是儿子，是儿子
海水之上一条船，戴围脖
那是我的瘦哥哥，瘦哥哥

十

这人是幸福的儿子，幸福
幸福得一点儿都不长，25岁
一直给人当儿子，对老爹孝顺
渴死自己，也要
让海喝水，让草原长草

十一

山海关，这儿子只身穿过
用《离骚》打马，头也不回
屈原的白鞋子，白鞋子
在他脚上，结出三月的霜
那霜不打茄子，打了我
打了我，让我一夜白了头

2021-2-20

关于那群鸭子什么的破问题

——致J.D.塞林格

是那个问题吧，是你问的那个破问题吧
是鸭子吧，是那群鸭子什么的吧
是纽约吧，是中央公园南面那个破地方吧
是那个湖吧，是那个已经结了冰的什么湖吧
你问的是湖面结冰之后鸭子都去了哪里吧
你问的是大冬天的那群鸭子到底该怎么活下去吧
你不会认为湖面结冰了空气也会结冰吧
你不会认为鸭子对冰视而不见对天也视而不见吧
你不会认为水冻住了嘴也会冻住胃也会冻住吧
你不会认为鸭子冻得硬邦邦的想法也会冻得硬邦邦的吧
你不会认为鸭子会蠢到跟开除的学生一样什么的吧
你不会认为我会蠢到非要和你打个破赌那样的吧

我可以蠢上一回，可以和你打个破赌
你问了不下一千个看着比你聪明多了的纽约人吧
你问了不止一百个听着比你还要粗鲁的出租司机吧
你问了至少不会少过潘西中学跟你同过班的一帮蠢货吧

你得到的要么是破口大骂要么是破得不能再破的破答案吧
你肯定没问过那个睡着了像醒着一样的菲比小丫头吧
你肯定没问过摸你脑门儿以为是同性恋的安托利尼先生吧
你肯定不至于大半夜的亲自跑到那个破湖那儿吧
你肯定没看到那群鸭子正大摇大摆地穿过麦田吧
你肯定不知道它们个个都帽檐朝后地戴上了红猎帽吧
你肯定会惊讶它们压根儿不怕麦田尽头的什么破悬崖吧
你肯定想不到我会为那群鸭子什么的写首破诗吧

2021-5-10

海水课

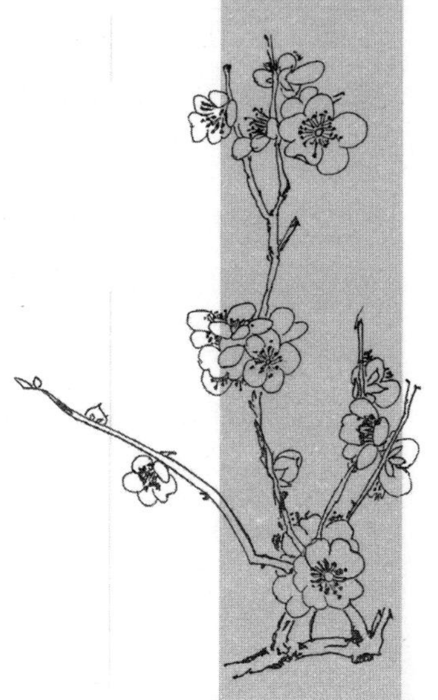

桉树

你是孤独地走过了沙漠的孤独
才一个人到达海水的吗
你一定是骆驼的孩子
背负着沉重的海水去寻找海水

我的孤独和你一起相濡以沫
一边吃光你周身的叶子
一边脱光自己的衣服
我们的孤独光秃秃的湿漉漉的

你看海水之上
哪有什么所谓现象的覆盖物
它只是在雨季长出头发
那多像我们肉体裸露的海藻啊

快拧干身体的水分吧
盐是我们取暖的唯一果实
海水正在淹没你的膝盖
让我们的呼吸准备进入一种方程式

我会在一个涨潮的日子
像月亮一样爬上你的身体
当我累得再也爬不动的时候
我想变成一只望海的树熊

2020-6-2

让我把烟点着，掐掉，再点着

所有的灯都灭了
让我把烟点着
身边还有一扇窗

所有的窗都关了
让我把酒倒上
身边还有一个人

所有的人都睡了
让我把眼睛阖上
身边还有一张床

所有的床都死了
让我把身体摊开
身边还有一片海

所有的海都哭了
让我把自己逗笑
身边还有一首诗

所有的诗都凉了
让我把烟掐掉
身边还有一盏灯

所有的灯都灭了
让我把烟再点着
身边什么都没了

2020-6-7

当我——当海——

当我恐惧海的时候
我是那样喜欢陆地，包括它的尘土
当我厌倦一条路的时候
我开始喜欢一叶帆，包括它的影子

当我怀疑海的时候
我甚至怀疑一条小溪，以及光滑的卵石
当我相信海的时候
我开始相信一片天空，以及闪烁的星子

当海陪伴我的时候
它陪伴的是卑微，和他的焦虑
当我陪伴海的时候
我陪伴的是自己，和他的孤独

当海躺下的时候
我在写诗
当海起来的时候
我去开门

2020–6–10

古城，在海水退却之后

那年的古城，作为我远行的固定资产
留在原点，留在我北方的海

那些能带走的我都带走了，统统
除了，那片叫作古城的海水

古城的远，远在我退守一片沙滩之后
能够搬运的沙子，我全都搬进了南方的家

中年后开闸的泪，打湿的不再是枕
是一块与海藻纠缠不休的礁石

浪扑过来一次，礁石就焦虑一次
鸥鸟落下来一回，礁石就颤抖一回

古城的更远，是我身体的潮水不再听话
我无法和那些泡沫握手言和

退潮的时候，那片沙滩捎不过来
涨潮的时候，那块礁石死不瞑目

我只能远远地，以南方的海平面
一次次，透过泪水的棱镜目测北方的身高

我想让那块一天比一天更咸的礁石
告诉古城：你的远，远成了一种孤独的海拔

2020-6-16

关于海水，你不想说点什么吗

一

海水在那里，就在那里
你不想说点什么吗
那么大的安慰，拍打你
让你慢慢变蓝

这多像是一种提示，你立足陆地
仿佛遥远的过去，海水一直在后退
也不再指望下雨，那没有味觉的水和唇
你难道不想说点什么，天也在变蓝

你流了一生的泪，你的泪缺盐
和血，和雨水一样，苍白无力
你手持镰刀收割，雨丝，你的姿势
与陆地的历史一起变老，而海水在拍打一切

慈悲如此的无边无际，你看见
无盐的血泪和雨水，你真的不想说点什么
作为陆地上的语言学家
难道，你不想说点什么吗

二

我想用死亡抱住它
让它回归我冰冷的身体

一百种，一百种姿势的我走向海水
不再行走的，是我让死亡站成天空的方式

和风一样，我失去了语言表达的欲望
我想让我的姿势，和贝多芬的音乐躺在一起

拜生存的荆棘所刺，我浑身是血地走过墓地
我是应该道貌岸然，还是应该秘而不宣

一百种，我用一百种姿势走向海水
地球，你可以不走，也可以跟在我的身后

三

关于海水，我并不比一粒沙子知道得更多
我只知道海水就在那里，一直就在那里
我只知道它以宽容审判陆地，审判天空
同时也审判我

海水就是海水，我的姿势
正是它所强调的陆地的姿势
它的理想主义不是肉体
它希望陆地漂移，如灵魂行走于洼地

我想从自己抽离自己的时候
忽然拥有一片埋葬死者的土地
为了让这土地好好活着
我用一百种姿势走向海水

不是因为海水干净
而是由于我自己太脏
我想告诉这海水，如果你不淹没我
我还能不能到达一百零一次孤独

2021-1-29

海水依旧

一

我把一片陆地踩在脚下，捧起
你水做的玫瑰，为了表示
对另一片陆地的敬重

二

一颗，两颗，我数你吹落的星星
溅落水面，银光闪闪的词语
瞪着我，多像祖先们不知疲倦的眼睛

三

亿万次，枯竭
你枯竭过亿万次，人们用你说破生死
信誓旦旦的嘴不敢露出缺盐的牙齿

四

马拉美，你再抛一次骰子吧
我想知道自己偶然的翻滚，如何
在泡沫中走向必由之路

五

你渴，你喝下时间流出的泪水

你饿，你吞下诗人和哲学
你饱了，你饱了吗?

六
你的智慧在于
用嘴吐出沙子
用手把它们搬去沙漠

七
后悔在一首诗里和你对饮
一杯就被你灌醉了
一辈子我都没有醒来

八
地球
孵着没有壳的蛋
太阳出来，月亮也出来

九
沧桑起伏不定
恰如人世浮沉的天平
这个人头涌涌的法庭
灵与肉的诉讼正在进行
原告是肉体
被告是灵魂

永远不会宣判
也无人宣布休庭

十
你思考得太深太深
这个走向你的我
要么是一个闪念
要么是一个结果

十一
一道闪电划过
我发现你深沉的剧本里
有一个藏在我身体内部的情节

十二
你一定不会否认
当一场飓风向陆地移动
我就是留在沙滩上的一个点
一个可以忽略的疑点

十三
每次一想到你
我冰冷的手心
为什么总是握满了潮水
同时拉出一张睁大眼睛的网

十四

一想到要去看你
我的头顶就会站立一只海鸥
咕咕地催我赶路

十五

和一粒沙子相比
我的优点是在所有的诗里
只要出现你的名字
我绝不会在前面加个“大”字

十六

我想不想你，你就在那里
我看不看你，你就在那里
我懂不懂你，你就在那里
你在那里，就够了，够了

十七

你问我身后的香格里拉
为什么她要怀抱一把吉他
为什么她唱着一首忧郁的歌谣
一唱就唱到了天涯
哦，我忘记告诉你了
她就是你失散多年的海燕

你就是她流落的天涯

十八

潮

你把眼皮轻轻抬起

露出我儿时的一幅拼图

大声把我叫进去

十九

在世界的最低处

你从不承认，也不否认

你只是埋头记录

二十

你只要

只要吹一粒沙到我的嘴角

我一定会吹出一声呼哨

让它飘成一条船

一条身体里永不搁浅的船

二十一

我看见天蓝了一百次

就明白你

肯定是整夜未眠

二十二

一条路看到你，放声大哭
它说它回家的脚
终点是一双蓝鞋子

二十三

一旦望见所谓的彼岸
一片叫作帆的叶子
很可能下落不明

二十四

不要描述，千万不要描述
每一个夸你的词
足以让你自暴自弃

二十五

我想，像螃蟹一样
在沙滩上默默地口吐泡沫
即使加入不了你的漩涡
也要呼应你的秋波

二十六

我从山中来
带着北方的疤
缠着南方的绷带

我想在你的水中
粗暴地把绷带解开

二十七
等到有一天
我的脸上布满老年斑
哭也好，笑也罢
表情都会更加像你

二十八
我自己要求自己
不惜当陆地的罪人
兼做天空流放的囚徒
然后关进你的水牢
让你判我终身监禁

二十九
海水之上的椰风啊
高悬孤独者丰满的果实
那一串串绿色的乳房
是多么令人迷醉的向往

三十
你真的以为，我只是你身边——
一个为月亮搭帐篷

一个为太阳放风筝
一个为星星来写诗，的人吗

三十一
从小时候起
我就和你一起捉迷藏
你早就抓到了我
我现在还在找你

三十二
如果说我身体里有一个柔软的地方
那地方早已被你围得水泄不通

三十三
面对陆地的得寸进尺
我必须质问冰山
为何要一再退让

三十四
我要多么的小心翼翼
才能不被陆地发现
有一份气候变暖的情报
我准备在子夜悄悄送给潮汐

三十五

再走一步，我就

可以摸到你了

一只死去的蟹钳

夹住了我的桨和锚

三十六

当我决定

把良心交给你的时候

我不会

在陆地上留下任何遗嘱

2020-6-18

篱笆，女人和海

这是在我的北方
构成某个细节的三种东西
——篱笆，女人和海

篱笆是山，山很坚强
女人是水，水很温柔
海是一片熟了的，和另一片
未长熟的麦子，麦浪啊

光秃秃的篱笆，在
六月的尾巴上，也会开花
花，被水样的女人戴在日子头上
日子亮起喊海的嗓子，叫
我的北方，一天天长大

海是日子的脾气，麦子的性格
男人在篱笆外，一边干活
一边都这么说。他们在海的骨头里
用渔网打捞自己的骨头

篱笆，用一千只眼睛
与海的眼睛，对视了一千年
女人，用一千年的水
把男人的骨头，融化了一千回

这就是在我的北方
篱笆，女人和海
三种东西，构成的某个细节
某个，南方和男人都容易忽视的东西

2020-6-20

我用理性装下你

如果有一场雪落下来，一条路会恍然大悟
你的表白是白头到老的白。我一路到天涯海角
发现你所有的寂寞，都是孤独的海水
我想做一次梦，和你的一颗星来一次狭路相逢

如果再有一场雪，你的爱就不惆怅了
骤起的风也许有些暧昧，但我始终没有
在任何一条河里找到云的绯闻。于是我才敢说
地上春风十里，人间风情万种，都比不上你

如果，这个时节再有一场雪飘落而至
我就能够把身体打开了
如果，你继续以你爱的方式保持沉默
我就可以用一辈子来装下你了

2020-6-21

芦苇，向海的风越来越瘦

多么清心寡欲，一个瘦高个子
一个不需要思想的思想者，手插裤袋

十根长长的绿玉睫毛，如十根手指的脸
一张脸，被思想的盐淡化了棱角
阵阵清瘦的风，在向海的风中
超现实主义一般，摇摆恬淡的笑

赶海的牛，把风吃进三个胃里
一个消化给天，一个消化给地
还有一个，消化给海水的沉寂
海水将它们反刍为牛奶，被矮胖的女人挤出
由诗人做成奶酪一样的东西
喂养十根长长的手指，清心寡欲

海水怜悯，安抚瘦高个子
把他的五官悄悄隐入海风深处

这清瘦的风，走向海水的姿势
紧紧抓住种子和犁，种下不肯过冬的蒿草

2020-6-26

一条走向海水的路

事实上，是基于表象上的一些东西
比如沙土、石子，比如柏油、水泥
比如山、树，比如人以及噪音
它才会用一堆沙子，在海边埋没自己

事实上，是它自己想到了某个终极意义
比如，某个最后一公里，或一公尺
才有了所谓的起始。这是我
从一张地图的框架之外，猜想到的

就这样，把一条路挂在墙上
它撞开了天花板，又打开了窗户
让时间的尘土，落满一身
其实，它只是想从起点走向终点
就是死，它还是想延伸
延伸是它死后唯一能做的事

海水无门，海水
不想让路知道，地球是圆的
但它走向海水的姿势，令地图感动

地图打开海水，海水为一条路让路
用红珊瑚画出它的动脉
用蓝海藻画出它的静脉

地图说，并非一条路而已
一条从城堡走出红尘的路
海水说，并非一堆沙子而已
一堆足以埋没自己的沙子

2020-6-29

木鱼

此岸，一千年的黑夜
彼岸，一千年的白昼

古刹与海水，天与地
事物的两极，八卦图夸着海口

唯一寂静的，是木鱼的声音
永不开口的，是木鱼的眼睛

声音从淡水游入海水，骨头变咸
海水说，它可以让声音保鲜一万年

2020-7-1

少女与维纳斯手臂

男人们，把胸膛里的鹦鹉放入森林
让它唱起海水的歌，悦耳动听

少女把脖子高高仰起，红唇掠过鸥鸟
从透视中，她下巴的曲线与海岸渐渐重叠
一根项链吊着海底之心
沿美丽的颈项攀援美丽
浪拍打一次，维纳斯的手臂就出现一次

画面，总是难以对称
少女一直在想，怎么才能
让五只海鸥平衡地落在两只手臂
三只在左，两只在右
或者三只在右，两只在左
结果总是不大理想。假如五只海鸥
有一只飞走，少女的心并不平衡
她并不担心手臂，她担心的
是森林，和那些花言巧语的鹦鹉

马车不会来，还有花冠和敞篷的进行曲
那是维纳斯的掌心，随手臂飞舞的婚礼
除了海水的无际和苍茫
少女的手臂不再需要任何嫁妆

那个少年来了，他手擎鸟笼
如千臂的海神，在海水上踏歌而来

2020-7-5

乌鸦，从时间进入空间

它出现时，一切正在成为幻象
还好，海边的梧桐树，能够作为纯粹之物的参照
就把它当成是一只鸟，一只纯粹的鸟吧

它够不容易的了，白天
梧桐树枝叶斑驳，时间五颜六色
一种幽默的暴力，迫使它打开沉重的翅膀

夜晚是它的行走，它沉默于海风的倒影
在一本海洋生物书里，解读陆地的虚无之物
喜鹊说，它的身体和我的名字一样深刻

一种纯粹，一种移动的纯粹
就像海水的移动。如果移动算是一种力量
那么幽默者呢，那个关于颜色的寓言呢

是否，可以这样理解
它介于时间的冰和空间的雪之间
就像一朵郁金香，深沉地开放

或者说，它是我走入海水之后
刻意留在陆地上的影子。所以还是
把它当成是一只鸟吧，它太不容易了

为了说明我身体的不安，它一直移动着
它走向空间的光，想用光洗白自己
它真的是太不容易了，作为一只幻象的鸟

为了一幅抽象主义作品，我移动了梧桐树
画家哭了。他的泪水
刚好填补了一只鸟飞走的空白

2020–7–12

舞者

化石，在海床上醒来
以浪的血统标榜自己

不过是一枚石头，当它把血肉扔进风中
不只是一枚石头，当它把思想软化下来

让它最终坐在海水之上的
是一场掌声的雷暴，在空间中
击中了海水的空间
又在时间中，击中了海水的时间

就那么一分钟，那么一分钟
海水解冻，解冻
浪，将花一把抓住

2020-7-17

一米阳光

问故乡，那个晚上
高高的谷堆旁
可曾有一片海水
倚靠着我的肩膀
听我讲，茫茫的陆地上
一只船，一只桨
一个白胡子的老船长
——哗，哗，海水眨了眨眼
看看我，使劲摇晃我的肩膀

问故乡，那个晚上
静静的麦地旁
可曾有一片海水
紧贴着我的胸膛
听我讲，远远的从前啊
一座山，一座庙
一个剃光头的老和尚

——哗，哗，海水摇了摇头
看看我，拼命拍打我的胸膛

啊，问故乡
哪一个童话的晚上
哪一片童年的海水荡漾
哪一个游子的心中
没有一米阳光

2020-7-20

走过三月，走过我自己

三月如此标致，我的本质是三月
三月是悲剧的河，喜剧的岸
于是三月不远，三月离太平洋不远

我是三月的风沙，不择路径
我吹打三月的脸，让泪水为河床堆积沙漠
沙漠之水热烈，海洋不远

一千只大鸟靠岸，翅膀被我扇起
飞过悲剧的河水。喜剧之岸血气方刚
河床复活，沧浪忧伤，忧伤是三月的脸庞

三月许我，许我挥霍一生的泪水
我只为三月流泪，无论悲剧还是喜剧
请打开河流的身体，风沙的身体，我亲爱的人

我的爱人，当我走过三月，走过自己
请你以岸为马，踏平我千疮百孔的河床
并用雷电亲吻我，也亲吻海洋

2020–7–30

口罩课

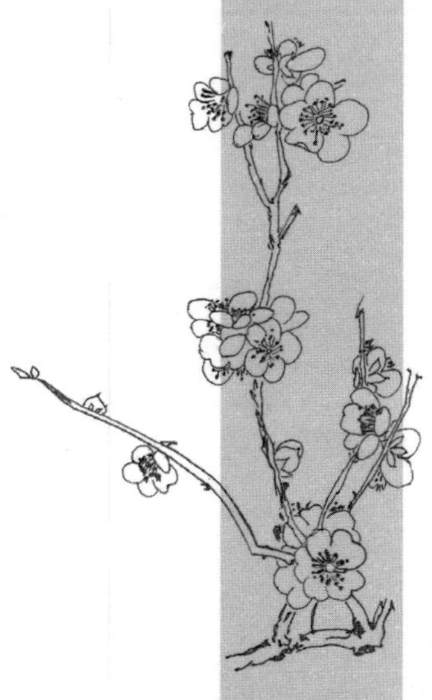

我们不再陌生

陌生人，亲爱的陌生人
自从我们戴上了口罩
彼此都看见了美丽的眼睛

白口罩，蓝口罩，即使是黑色的
即使黑了一片天，黑了一片云
我们也叫亮了对方的名字

陌生人，陌生人，亲爱的陌生人
我之所以还这样叫你
是因为，咱们不再陌生

2020-8-5

其实每个夜晚都是电闪雷鸣

你要么睡得太早，醒得太迟
要么总是梦见太阳高照，万里晴空
抑或你早就掏出了自己
把生活搬到了心的底层
还有啊，你是不是睡觉都戴着口罩
鼻子接上了耳朵的神经

你不能甘做黑暗的拾荒人，你不能
你只需要打开清晨，推开窗户
看一看地上，哪里没有天空的落英
其实，每个夜晚都是电闪雷鸣

2020-8-10

二月的你的眼

多么美丽，长满一地
白口罩，蓝口罩，二月的口罩美丽
二月的口罩遮住山，遮住水
只露出你的眼睛
你的眼睛美丽

多么美丽，长满夜空
大星子，小星子，二月的星子美丽
二月的星子很洁白，很天使
眨动是你的眼睛
你的眼睛美丽

多么美丽，长江兄弟
看涛走，望云飞，二月的江水美丽
二月的江水真浩荡，真壮阔
流波是你的眼睛
你的眼睛美丽

多么美丽，樱花姐妹
风吹来，雨打去，二月的花期美丽
二月的花期在城市，在田野
花语是你的眼睛
你的眼睛美丽

二月，二月美丽
二月，我不关注任何东西
我只关注你，你的眼睛
你的眼睛美丽

2020-2-25

给你，我的口罩兄弟

深一口，浅一口
我们与天空一起，与氧气一起
植物让我们离开父母，离开姐妹
保持亲密的呼吸
植物是我们可靠的兄弟

春天让植物说话
植物一说话，花就开了
花就开在我们脸上，色彩鲜艳

白口罩，蓝口罩
开在我们脸上，亲密的兄弟
白海洋，蓝海洋
我们像海洋一样呼吸，呼吸

呼吸是白色的帆，蓝色的船
渡过我，渡过你，渡过人类
我们是多么亲密的兄弟

兄弟，夏天快到了
我们的呼吸火一般潮湿
我们和春天一起，靠岸吧

2020–4–30

早安，广州

从昨夜的睡梦出发，与珠江一起
这个清晨，你又一次准时到达太阳
第一个波浪碰见第一缕阳光
是我早就计算好的不期而遇
遇见你灿烂的喷薄，我被你分娩而出
我大笑着为你出生，早安广州

直到看见木棉，我都没有哭过一次
那经历了无数劫难的树，让我一夜长大
我终于明白这活蹦乱跳的生命
实际上比一只口罩还要轻柔
我已经将身体沉重并坚硬的部分给你
请你用一江珠水塑我，早安广州

我站成一尊塔，你江边的那尊铁塔
我想以战士的名义向你问候
不用手握钢枪，也不用身披战袍
我就以骨感的形式站着
这么站着就是你的性格，我想
广州，你就是我的品质，早安广州

2020-8-20

还是炊烟

早上的时光像昨天一样陈旧
但我不能允许你得过且过
我必须让你成为今日的处子

正午的空气像树梢一样躁动
但我不能允许你漫不经心
我必须让你具备树根的定力

向晚的鸟鸣像屋顶一样冰冷
但我不能允许你事不关己
我必须让你扮演人间的烟火

戴口罩的陌生人像口罩一样苍白
但我不能允许你弱不禁风
我必须让你保持俊朗的姿色

陌生人的一日三餐也许索然乏味
但我不能允许你虚无缥缈
我必须让你抬高屋檐下低垂的日子

陌生人说我的五官被口罩遮得面目全非
但我不能允许你庸碌无为
请你举起我像举起天上井然有序的云朵

2020-8-26

惊蛰

闪电之下，生命
那些光亮的，以及
戴着口罩等待照亮的
生命啊生命

雷鸣之中，灵魂
那些惊醒的，以及
蛰伏冻土需要惊醒的
灵魂啊灵魂

雨落之后，眼睛
那些感动的，以及
呆立窗口依然麻木的
眼睛啊眼睛

击鼓之前，火把
那些出发的，以及
到达人类思想头顶的
火把啊火把

举火之际，人们
那些今天的，以及
将要永远记住今天的
人们啊人们

击鼓，击鼓的人们
举火，举火的今天
今天啊

2020-5-26

久违

久违了兄弟，久违了姐妹
久违的，岂止是春天
熟悉的节日，熟悉的路和去向
还有那么多认识的不认识的，亲人

认识的，我们在冬天就已经认识了
不认识的，我们在春天肯定会认识
你看树上长出了相同的叶子
你看白云踏进了同一条河流
这要在以前，是多么不可思议的事情

久违了兄弟，久违了姐妹
让我们摘下色彩不一的口罩
把一模一样的故事，放在同一个篮子里
提到父辈的集市上，让太阳晒一晒吧
让我们把冬天和春天的手
紧紧地拉到一块，让他们相握吧

久违了兄弟，久违了姐妹
久违的，一定还有一个人
这个人，一定就是你
是你，为我打开了家门

2020-9-2

看，你的脸

——给摘下口罩的白衣天使

都是山的沟壑，包括
渗血的希望，沿长江的走向
到海，成为你，眼的深沉

五官，组成一个国家的版图
如果，你的脊背上不留名字
无人知道民族的大写

看你憔悴疲惫的脸，我该
怎样，于伤口之上建筑生命的语言
武汉的新生儿，正从产房出来

此刻，我只想轻轻地，为你
戴好口罩，我知道，离得再远
人们也想伸出双手，抚摸你的眼神

还有，你干裂的嘴唇上
那些从不说出，却
掉落在肩膀上的，话

2020–3–11

泪水高贵

我的兄弟
当我把口罩变成一面旗帜
在你眼睛挥
你不许哭
但可以流泪
泪水高贵

我的姐妹
当我把口罩变成一只蝴蝶
在你眼前飞
你不许哭
但可以流泪
泪水高贵

我的陌生人
当我把口罩变成一阵清风
在你眼前吹
你不许哭
但可以流泪
泪水高贵

我的人类
当我把口罩变成一首诗
让你如痴如醉
你不许哭
但可以流泪
泪水高贵

2020-9-9

特别的日子

与湖北一起熄灯
与武汉一起拉开窗帘
每一天都是特别的日子
我不忍打乱这个节奏

呼吸特别
心跳特别
胸膛的起伏特别
连睡觉都是特别的
躺在床上
时而觉得自己是海
时而觉得自己是山

日子特别
生活高贵
我打开“人民”的字典
查“国家”这个词

2020-9-16

朋友，我要在脚下挖一口井

朋友，请把我提起来
我要在脚下挖一口井

朋友，请让我面向土地
我想挖出一朵云

朋友，请帮我摘下口罩
我已经看清了自己

朋友，请放我到井底
我必须救出一声蛙鸣

2020-9-28

无题

谁把氧气装入我口罩的肺部
谁就把敌人举过我的头顶

这个春天我曾欺骗一棵植物
引诱它和我互换身份

如果窗口能够独自站在楼顶
远方一定会轻轻俯下身子

我面向大海扔给夏天的口罩
小狗一声不吭叼回给我

山谷等待盆景开花的时候
麦地把所有的鸟类召唤过来

我以什么方式背对你
就以什么方式面向敌人

这个日子我不说话
我让你说

2020–10–6

无题之二

这个季节
长出多少片一模一样的叶子
就开出多少朵一模一样的花

日子留白
我没必要揭开你的伤痕
但我必须说出我自己的痛

躺过春节
身体与一只停飞的麻雀
同时发现桃花漫游的目的

摘下口罩
真想和没有雨伞的骤雨
痛快淋漓地哭在一起

走进城市
在每一个生命的产房门口
打开每一个包裹严密的襁褓

2020-10-12

悟

我一定是辜负了太多的春
一朵花，才会以倒立的姿态
在门外的风景里惩罚我

意外的是，我越是甘愿受罚
天空越是丰满，每一片云
都飘得，那么的有涵养

自立春那天，我就开始
每天认真亲吻一遍头上的天了
而且绝不放过，一丝流云

口罩宽容，用呼吸困难的方式
让我启动一场救赎。我明白
自己的格局比一只口罩大不了多少

想在日记里留下事实，只是
我必须透过窗口，不顾羞耻地
剽窃，整个天空的品质

2020-10-19

空气中我口吐莲花的小房子

小房子
口吐莲花的小房子
口罩与空气重归于好
我在口罩里隐姓埋名

空气抬举我
日子抬举我
小房子是父亲的空杯子
父亲把我一饮而尽

昨天夜里没有一滴雨
今天早上没有一丝风
我的左手流出盐
我的右手牵住母亲

口吐莲花的小房子
多像我隐姓埋名的人类
就算我不是个手艺人
我也在空气中建好了房子

2020-10-27

雪花

一片雪花，一片雪花
爱生命的天空，脱下洁白的云朵
爱生命的土地，把它裹上吧

鹅毛雪花，鹅毛雪花
爱生活的祖先，脱下洁白的日子
爱生活的人们，把它穿上吧

我的雪花，我的雪花
爱冬天的春天，脱下洁白的口罩
爱春天的人们，把它戴上吧

2020-11-3

我在窗口遥望一棵树

我不知道她是什么树
但我知道她是一棵树

有一段日子了
每天我都在窗口望她
街上空无一人
我知道每一个窗口都在望她

今天的窗口被阳光照得很亮很亮
她也在远方很亮很亮地站着
路旁的木棉花红灯笼一样向她招手
紫荆花也在树上等她很久了
还有许多叫不出名字的花紧紧围住她
应该是在问她节气和花事吧
我看她无花的枝头都不好意思了
戴着口罩的春天也不好意思了

戴着口罩的春天走来
为她无花的枝头戴上口罩
我在窗口远远地望她
就像一棵绽放洁白花朵的树

春天为每个窗口戴上口罩
戴着口罩的窗口都在遥望她

我不知道她是什么树
但我知道她是会开花的树
戴着口罩的窗口都知道
她是一棵属于春天的树

2020-3-1

由于，白——

由于，你是穿着白大褂出发的
我便让天空积攒白色的云朵
让它们向着你，飘

由于，你是戴着白口罩出发的
我便让雪花堆起白色的雪人
让它们对着你，笑

由于，你是顶着白月亮出发的
我便让星星排成白色的队列
让它们朝着你，闪

由于，你是端着白蜡烛出发的
我便让玫瑰编成白色的花环
让它们围着你，开

由于，你是揣着白玉兰出发的
我便让南风谱出白色的音符
让它们陪着你，唱

由于，你是捧着白鸽子出发的
我便让祝福写满白色的信笺
让它们读给你，听

由于，你是以白衣天使的名义出发的
我便让诗歌留下足够的空白
让它们等着你，回来

2020-5-22

渊子，郁郁葱葱的渊子

渊子，戴好口罩的渊子
告别土地，走向海水
依然郁郁葱葱的渊子
把呼吸葬于海底，隔离自己
一样郁郁葱葱的渊子

深渊之子，孤独之子
渊子用鼻子思考，用口罩恋爱
海水把呼吸交给呼吸
呼吸用海水埋葬海水
渊子的爱情深沉，死亡深沉

渊子，郁郁葱葱的渊子
让孤独在悲悯的深渊隔离
孤独是渊子的另一片海水，葱葱郁郁
为了海底的又一次进化
渊子用鼻子思考，渊子葱葱郁郁

2020–11–11

口罩哲学

莲花开在菩萨的掌心
掌心念念有词
菩萨不把哲学挂在嘴边
菩萨是个不戴口罩的女人

蝴蝶飞入庄子的彩云
彩云翩翩起舞
庄子把哲学放在梦里
庄子是个不戴口罩的男人

口罩张开大海的帆影
大海弱水三千
我喝下的岂止一瓢
我是个戴着口罩的俗人

2020-11-22

三月，三月的战地黄花

——给疫情中的湖北武汉

你的开与不开，是不一样的
你是不是三月的开，也是不一样的
你是不是樱花树下的开，更是不一样的

你听，没有人再叫你油菜
那么多的战士一下子站起来
漫山遍野地出发，为一座英雄的城市
再加一身金甲，重披一身灿烂
一下子，那么多的战士站起来

你看，没有人再觉得冷
那么大的火一下子烧起来
紧急集合的火把，誓破楼兰的颜色
冲天的黄，亮了樱花的粉，与白
一下子，那么大的火烧起来

你是三月的开，正是三月的开
你是不是战士的开，是不一样的
你是不是战地的黄，也是不一样的
你是不是战斗的火，更是不一样的

三月，三月的战地黄花
樱花树下的开，英雄地开
人们面向你，面朝火海

2020-3-3

自我批判

我确曾放浪于春，放浪于
春天的风，花，雪，月
大地的山，川，湖，海
包括，用于粉饰和标榜自己的
琴，棋，书，画以及
祖先的文字，母亲的眼睛，还有
一直以梦而作的马，马的草原

如今，我苟且以形骸行走
行走于春日将尽的河流
当口罩加身，自困春的牢笼
不可能再次踏入，这波光潋滟之河
可我的灵魂已挣脱缰绳，来得及
一个猛子扎进波光的怀中

春来，我什么都是，什么都不是
春去，我什么都有，什么都没有

请收下我，河流
收下我的，泥沙俱下

2020-12-2

我，作为木棉的一种红

——给湖北武汉

必须红过去年，红过前年
红过以往任何时候的，我的红
要红出生命之上，从本原的
液态，升华为固体的站立

因为与你相隔太远，所以
对于你无畏的白，以死向生的白
我不谄媚，也用不着奉承
只是默默地呼应你，陪伴你
作为木棉的一种，红
我想我应该在风中，坚持

由于你的白，不管是
一场雪的到来，还是樱花素雅的开
说白了，就是你每天穿着的衣裳
才，给足了我红的勇敢，敢于
在南方的风中站起，高举一盏盏
有温度的灯，小小的灯

我不是太阳的红，我不能
不能把你照亮，照得光芒万丈
我只是想，作为木棉
的一种特殊的红，那如太阳一般的
血，为你和你的天空
增添一抹英雄的颜色

我会坚持的，坚持站在树上
站到所有的花都开的时候
作为一种木棉的红
我再，落下

2020-2-25

衰老课

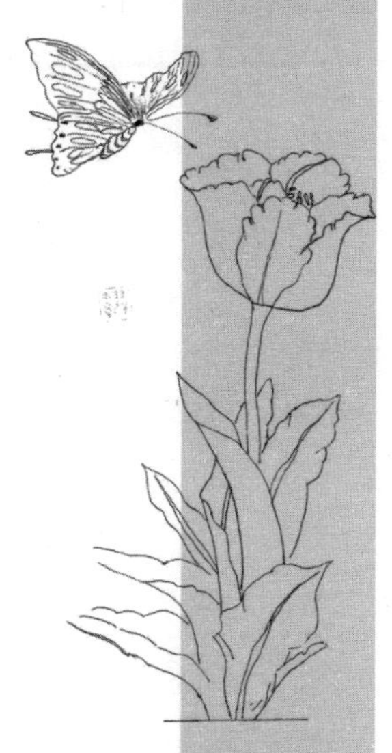

雨滴

不会太大了，不会太小了
这生命，自由落体的
过程，那么圆润
的一生。我的降落

是一种声音，从事物的外在
进入。一片叶子
内在的孤独，愿意
接住，那时间的皱纹
深深的，痛
再往下，就是黄土
埋着今世。而我
自来世，撞破天的子宫
叫一声：母亲
喊一生：母亲
我停在那片叶子上
脐带的血，不肯降落
土堆，根部

不能太远了，不能太近了
还是有的，有
足够多的叶子
一片一片，接住我
让我接近母亲的过程
尽可能，长一些

2021–3–10

姥姥，把我挂上屋梁的姥姥

姥姥，在我饿醒了叫妈妈的时候
妈妈也在黑暗中叫你妈妈
我总是在半夜饿哭了的时候
看见你缠过的小脚踩上椅子
姥姥，在我担心你会摔下来的时候
你又在椅子上再放一张凳子
我总是想让你的脚再大一点的时候
你已经从屋梁上取下一个篮子
姥姥，在我馋得流出口水的时候
你把一个鸡蛋糕塞到我的嘴里
我总是想再吃一个的时候
你已经把篮子又挂上了屋梁
姥姥，在我每晚吃一个鸡蛋糕的时候
你说我将来一定会长得比鸡蛋高
我总是回嘴说我已经比鸡蛋高的时候
你就一个劲地看那屋梁上的篮子
姥姥，在我问你为啥把篮子挂上屋梁的时候

你说那是防止老鼠偷吃我的鸡蛋糕
我总是看到一只小猫爬上屋梁的时候
你说我就是那个馋嘴的小猫
姥姥，在我长得比你高半截的时候
我一跳脚就能够着那个屋梁
我总是想给你一个鸡蛋糕的时候
却满世界找不到你的一双小脚

2021-1-23

立冬，夹竹桃开出三色花朵

你不觉得吗，夹竹桃开出的花
是和这个日子约好的

你没看见吗，夹竹桃开出三色花朵
粉的，紫的，白的，把日子围成一个圆

你的名字围在中间，你叫什么来着
我一下子叫不上来，我的记忆开始结冰

为什么不可以随随便便
让自己在摇摆的枝头随便一下呢

那么多芬芳的手臂，都指向零度
除了灵魂，什么东西还会从那个圆心起步

我起了个大早，我得盯住这个日子
夹竹桃不会每天都开，是竹子和桃子告诉我的

我会坚持把你的名字带到海边
你只管起床，趁你的仪式还有温度

海水说，你的名字就是三色的花朵
夹竹桃，一定不会幸灾乐祸

你还能是什么呢，你就是秋
由金黄渐渐长出老年斑的秋

2021-3-26

半炷香的工夫

云没有动，是一些水
进入空气的身体，又
被尘土拉扯下来，进入
河流。半炷香的工夫

河流没有动，是一些岸
被海鸥套上绳子，又被
日子绊住了马脚，成为
石头。半炷香的工夫

石头没有动，是一些草
让羊群啃出新绿，又
被画家称作生活，或叫
作品。半炷香的工夫

作品没有动，是半炷香
吐出一片云，又被
很多水湿了眼睛，那是
母亲。那半炷香的工夫

2021-3-25

车轱辘话

你还是想出去溜几圈吗
那你要记住我的话
尽管你用电动你可以自驾
要知道你的车轱辘可不是汽车轱辘
那么耐跑耐磨耐颠耐碰耐撞耐扎
轮胎的气压就是你的血压
千万不要去跟石头碴子死磕
至于速度差不多就行了
没油门你咋能随便超车
上下坡的时候别要小孩子脾气
俩轱辘不可能那么听你的话
摔了碰了当心你那副假牙
人多的地方就不要去了
当然没人的地方更不能去
家里的钥匙和地址牌你要挂脖子上
轱辘有点啥的话好心人会那个啥
我看那点电也不够那轱辘折腾的
就像你的心脏让人担心死了
万一抛锚了你让我怎么上班呀

算了吧我看还是算了吧
反正这两天电梯也不正常
听说就是电梯轱辘出了问题了
所以你还是老老实实待在家里吧
在屋里转圈对轱辘磨损肯定不大

2021-4-16

穿堂风

冷，皮肤松了
额头上交错的弄堂，和
医院的回廊连在一起

霜草，与眉梢，摇
天气预报，似乎
跟一把刮胡刀没多大关系

进入身体的是手术刀，骨头
也松了，缝隙游刃有余
呼喊的声音，不会拥挤

来吧，后面还有什么
担架，就在回廊的尽头
我很平静，与大地之间隔着它

那些松了的，我还想裹紧
白的霜，白的回廊
我缠，像绷带一样缠它们

2021-4-17

一口气，吹灭生日蜡烛

一根，吹灭
两根，吹灭
三根，吹灭
…………
五十八根，吹灭
以后的多少根，吹灭
不知道还有多少根
吹灭，一口气吹灭

肺活量，一口气
上来了，肺活量
最后的蜡烛，多少根
多少根，没关系
鼓起腮帮，玩个游戏
一口气，上不来
吹不灭， 对不起
没关系，吹灭自己

2021-4-28

炊烟

我关紧了身体的窗和门
包括体内开花的声音和味道

我让二月的窗为你开着
我让三月的门为你开着

二月的窗凉气逼人
三月的门乍暖还寒

我已经和自己的病痛达成和解
身体为你留出上升的空间

我已经和暮归的老牛达成默契
它会带你走上黎明之路

你从一月的灶膛中来
我想让你如入无人之境

你从冷却的灰烬中来
我想让你到达头颅的高度

2020–4–15

这个春天的雨

一

雷声带走了那些惊醒的
沉睡的依然沉睡
我以梦为雨
哭我的这片土地

二

闪电不只是撕裂伤口
也会为肉体缝合
我必须保持与闪电的默契
在你到来之前
痛苦地大叫几声

三

风，一阵比一阵谨慎
为可能的临头预言
也为你的付出代言
只是我，从未领情

四

击鼓之后
为了将生灵的感动推向高潮
你把充满仪式感的大幕
淋漓尽致地落下

五

仰望你高天流云的人们
是值得我仰望的人们

注视你从天入地的人们
是值得我注视的人们

目送你走进大海的人们
是值得我目送的人们

2020-4-18

到时候你就知道了

假如你还是去年的那条河流
就请你从我的每一条动脉静脉穿过
究竟我的身体是不是一片大海
到时候你就知道了

假如你还是去年的那片大海
就请你在我起伏的胸膛里尽情咆哮
究竟我的呼吸是不是一场飓风
到时候你就知道了

假如你还是去年的那场飓风
就请你把我的白发吹到云里梦里
究竟我的表情是不是一个春天
到时候你就知道了

假如你还是去年的那个春天
就请你将我苍白的泪水交给一次伤痛
究竟我的生命是不是一块石碑
到时候你就知道了

2020-4-26

你到站了吗

你知道这车是开往哪里的吗

你准备了那么多的安眠药
是要吓唬吓唬这台车吗
你非要让它来个急刹
把一车的人都吓醒吗
或者你非要让它抛个锚
让所有人都睡不着吗
你就不能好好坐到终点站
把那些药分摊给我们的尊严吗

你到站了吗
你老糊涂了吗

2021-5-14

致一位登山的老人

你看，你不是看见了吗
昨天你踏进去的那条河流
不是流到云层里了吗
你的脚不也在头顶上走吗

你听，你不是听见了吗
还是那些风和石头，还是那些话
不是用拐杖拨到一边了吗
不是连喘息都轻了吗

你摸，你不是摸到了吗
世界的边缘一直是光滑的
你不是带上了我的诗吗
为何还怕在另一个世界摔倒呢

你想，你不是想到了吗
你突然想到自己是儿子，是女儿
怎么会不记得回家的路呢
你不是知道我在给你写东西吗

2021-4-19

等候身体里的一场雪

我的心里堆积了太多的烟头
加上灰烬。故乡冬季的麦地
病毒放了一把大火，慈祥的麦穗
与母亲一起收藏粮食，供我过冬

我的胸腔过于杂乱，没有章法
烟头堆积，为病毒之火充当玩偶
并引来乌鸦，以取暖为名
在故乡麦地筑起实用主义的窝

我想从这个春天开始，正式戒烟
所有骨头静静等候，早春的一场大雪
在我史无前例的身体里，可以
不铺天盖地，但必须洋洋洒洒

雪要从头到脚地下，当然也可以
从脚底开始，反其道而下
可以不覆盖烟头，不掩埋乌鸦
但必须穿越肉体和骨头，洋洋洒洒

2020–4–29

落叶总在发间飘舞

你只是看到风吹落了它们
你并没有看到风带走了它们

它们是在你看到它们时才落的
它们是在你看不到它们时才走的

你说你头发都白了它们才飞过来
你说你已经老了它们才舞起来

它们是在你哭的时候才落的
它们是在你笑的时候才走的

明天将会有很多朋友来看你
他们每人手握一把头发让你辨认

你说你只是想到风会吹落它们
你说你并没有想到风会带走它们

2020-5-2

更年期综合征

医生，你说我到啥啥啥年纪了
你说我什么什么综合了
你说对了，我是时候综合了
该综合的，我都应该好好综合了
再不综合，我怕真的来不及了
我要把前半生的事儿综合综合
从童年到少年，从青年到中年
综合起来到底是个什么年
我要把蓝天白云太阳月亮综合综合
从东方到西方，从南方到北方
综合起来到底有没有处方
我要把见过的山川河海综合综合
从黄山到黄河，从长江到渤海
看看自己能不能寿比南山福如东海
我要把动物植物微生物综合综合
从黑猩猩到含羞草，从蘑菇到大象
看看自己究竟和什么东西比较像
我要把地上爬的水里游的天上飞的综合综合
从乌龟到乌鱼，从乌贼到乌鸦

看看自己算不算一只黑色的活物
我要把去过的没去过的地方综合综合
从唐古拉到布达拉，从冰岛到耶路撒冷
看看自己会不会又缺氧又发冷
我要把脱落的头发刮过的胡子综合综合
从黑发到白发，从络腮胡到八字胡
看看自己孤独的八字有没有一撇
我要把得过的病吃过的药综合综合
从感冒发烧到失眠健忘，从康泰克到救心丸
看看自己过了半百的日子能不能耐药
我要把做过的梦准备做的梦综合综合
从好梦到噩梦，从白日梦到醒不了的梦
看看自己浑身上下还有多少荷尔蒙
最后我要把喜欢过的和正在喜欢的诗人综合综合
从活过的到活着的，从跳桥的到卧轨的
从决斗的到自杀的，从死去的到还没出生的
从普希金到普拉斯，从德国保罗到中国海子
看看他们中谁让我流出的泪水最多

医生，你看我确实够综合了
综合得我都不知道该怎么继续综合了

请你综合以上我所综合的症状
给我开一个综合的方子吧
什么，你说综合临床经验没什么灵丹妙药
那就请你开几张白纸给我吧
我综合的时候想写首综合的诗玩玩
然后一张一张地把它们综合起来
再一点一点撕碎成为粉末状的药物
然后再来找你开几张白纸
什么，你说你哪有那么多白纸白让我玩
没关系，那就给我开个玩笑也行

2021-4-13

镜子和一条鱼

多么美丽，一条被镜子养大的鱼
镜子，鱼的名字，海水平息如镜

灵肉的裸体，玻璃的裸体
玻璃放大一条鱼，玻璃缸里的鱼
嘴，红唇，鱼的姿势
多么美丽，如镜的海水平息

玻璃决定鱼的内部与外部
有冰冷的平面，有温暖的立体
想什么呢，海水，鱼，你
多么美丽，一条被玻璃放大的鱼

红唇，对镜梳洗打扮的鱼
热爱生活，生活爱你，美人一样的鱼
镜子照亮你，平息如镜的海水
这美丽沉寂的玻璃

多么美丽，一面养大你的玻璃
多么俗气，红嘴唇鼓眼睛的鱼
海水，死亡，复活
想什么呢，鱼，注意生存逻辑

鱼，活蹦乱跳，有意思吗
去死吧，在一块玻璃里
有意思，虚伪地模仿我一次
模仿我，在玻璃里死一次

死一次，砸碎玻璃
养大一切的镜子，要砸碎
也要先砸碎你自己

2021-5-5

老槐

我的老家靠着北方，靠着海，靠着老槐
我的老槐吃北方，吃海，吃我

槐树是母亲亲手种的，我出生那年
她一月生下我，二月种下树

我一直比槐树大一个月，这一点始终没有变
我俩有个共同的娘，这一点我俩都明白

六岁时我得了脑膜炎，小槐树高烧不退
母亲提起这事就哭，说你俩要感谢青霉素

那年我去南方上军校，槐树大冬天发绿芽
母亲觉得怪怪的，围着它转了好多圈

到西南前线打仗时，我不敢让母亲知道
槐树很够兄弟，一直替我保守秘密

我留在南方工作后，槐树年年都开花
母亲年年都流泪，泪花跟槐花一样白

老槐过半百了，槐花照样开，照样香
南方的我，只想抱住一棵树，死不松手

春节回不了家，我嘱咐老槐为我下场大雪
母亲把鞭炮挂在枝头，让我的梦里噼里啪啦

当我的头顶变秃，老槐的梢头也开始干枯
母亲扶着树干喘息，她的背驼成岁月的弧度

我说老槐呀你一定要撑住，撑住咱娘的腰
有你在她身边，就多替兄弟尽尽孝

老槐说你一个人在南边闯荡不容易
老娘就交给我吧，谁让我是你弟弟

昨天我收到老槐的信，说家要拆迁了
它也要被移走，不知要被移去哪里

好担心佝偻的老娘，就要被时间移走了
她将被移去的那个世界，谁来撑她的腰呢

我的老家靠着老槐，靠着北方，靠着海
我吃北方，吃海，吃我的老槐

2021-2-1

老玉米

老玉米，老玉米
啃着我的北方，老玉米
嚼着我的童年，老玉米

海边生活的老玉米
跟沙子一样白，跟海风一样硬
母亲的牙，掉得差不多了
父亲的牙，还能跟生活死磕

老玉米，老玉米
结结实实的老玉米
那一年，我饿着肚子从南方北上
乡亲们为我换了一副新牙
我说扔了旧的怪可惜的
乡亲们说城里的牙太假
就像门口，那中看不中用的竹篱笆
你看海滩上看家护院的大黄狗
它一年到头吃的啥

老玉米，老玉米
祖祖辈辈的老玉米
父亲的牙也快掉光了

我的牙，多想和乡亲们继续
多想和北方咬在一起

老玉米，老玉米
父亲母亲的老玉米
太阳照它就发芽
月亮叫它就开花
老玉米，老玉米
大黄狗叼走了我的假牙
为它在海里安了家

海边生，海边长的老玉米
那么多，硬邦邦的思乡粒
咬上一口，还是硌牙
含在嘴里，依然结疤
老玉米啊老玉米
白天，我啃不动
晚上，我咽不下

老玉米，老玉米
我老天爷的老玉米
老玉米，老玉米
我老不死的老玉米

2020-5-9

每一个有雨的日子都是节日

每一颗雨滴落下
都是一个从头到脚，又
由哭到笑的过程
我要如何的肝肠寸断
才能止住一场天降的悲喜交加
我又要如何的小心翼翼
才能和一阵雨从哭到笑一致起来
雨滴啊雨滴
我的手掌无论如何都握不住你
抵达地面的伤痛和快乐
指缝间不知溜走了多少盛大的节日
这姥姥不疼、舅舅不爱的雨滴啊
我必须拿出一双鞋子
仔细接住一个湿漉漉的过程
一只给泪水穿上
另一只给笑声穿上

雨滴啊雨滴
我把我俩的节日装进鞋子
一起上路吧

2020-5-11

尿不湿

——致一位穿纸尿裤的老人

那玩意儿兜住人的底
也兜不住生活的底
不湿，那是不可能的
那都是哄孩子玩的
湿了，又有什么大不了的
雾起了，天还不是又潮又湿
雨来雨去的，地不照样湿了吧唧
湿，就让它湿个痛快淋漓
咱高兴它湿，谁能把咱咋的
小时候又尿床又尿裤子
咱地图画得还不是多了去了
影响咱吃饭睡觉玩游戏了吗
碍着咱上大学找工作发工资了吗
阻止咱结婚生孩子抱孙子了吗
不让咱当爹当爷爷当太爷爷了吗
您看那只上了年纪的老柴犬
兜住屁股不是照样满地撒欢
它明白屁股兜住了也兜不住一切
这生活想湿就让它湿去吧
“汪汪”几声不就又干了

2021-2-23

我春与秋的水木年华

告诉你吧
我就坐在我的春天上
我的第五十七个春天，坐在
一条江上，时光悠悠荡漾
江有多长，春水就走了多长
告诉你吧
我就站在我的秋天上
我的第五十七个秋天，站在
一棵树上，年轮款款生长
树有多大，秋天就长了多大

告诉我吧
我快乐了五十六年的水
也包括那绿色的泪
能不能为一条江的波
扬一朵微小的浪
告诉我吧
我健康了五十六年的木
也包括那绿色的骨

能不能为一棵树的枝
开一朵粉白的樱

告诉你吧
告诉你我还剩点什么吧
这个春天的水木之后
我就是幸福的泥土

2020-5-15

今年，又一个同学走了

去年，一个同学走了，53岁，心肌梗塞
今年，又一个同学走了，54岁，心肌梗塞
去年，同学们热烈讨论关于心肌的问题
今年，同学们激烈争论关于梗塞的问题

其实，我们都是学了五年医的人，大家明白
胸膛里跳动的那个东西，是个不定时的炸弹
它的爆炸，对有些人只是时间的问题
最后引爆它的人，一般都是自己

走的两个同学，大学成绩都很优异
一个去了外科，成了医院有名的一把刀
一个是内科主任，脖子上优雅地挂着听诊器
他俩经常提醒同学，要注意心脏的问题
内科的同学在海边长大，喜欢拿海作比喻
他说那些炸药就潜伏在血液里，就像
海水里流动的沙子，容易在岁月中淤积
大海可以装下沙漠，血管哪有那么大的天地
沙子淤积到一定程度，炸弹就有了不小的威力
那些小小的沙子，堆积成生命意外的大概率
他多次建议我锻炼身体，一旦过了50岁
更要注意，尤其是写诗的人不能太过焦虑

我说我写诗以后才慢慢懂得了心脏的重要
感觉海水进入了自己的身体，围住了心脏
并把那些沙子从血管里过滤出去
那个炸弹应该已经融化在了海水里

如今同学们聚会，故意不谈心脏的问题
一些来不了的同学，大家尽量不去刨根问底
想让所有的话题，离医院越远越好
谁也没兴趣再谈，获奖多少以及职称的高低
故作轻松地问问身体，很少再去过问儿女
说得最多的，是希望下次还能坐在一起
大家说毕业都30多年了，合影还能照几次啊
用手比个心吧，要照就照出心脏的意义

他俩的心脏，已经不在同学们的合影里
我在诗里，也不想提到他俩的名字
因为有一天晚上，我做了一个奇怪的梦
我和他俩坐在海边吃海鲜，外科同学
说他的手术刀丢在了海里，他去去就回
内科同学说听诊器借给了鲨鱼，他要去取
结果我等了很久很久，一个也没回来
我到海边去找，也见不到任何踪迹
后来我醒了，身上出了好多汗
我抹了一把，咸咸的，海水的气息

2020-5-20

童年的石榴树

在故乡黯淡的天空下
我只能歌唱和回忆
——（俄）阿赫玛托娃

姐姐，唱起来吧
你大我两岁，你看故乡的天暗了
姐姐，跳起来吧
橡皮筋拴着我和石榴树的腰

能歌唱的，我都歌唱过了
包括天空再也飘不动的那片云
能回忆的，我都回忆过了
包括那棵死了多年的石榴树

石榴树，母亲
发一次芽，多一根白发
我让那片云给她梳了，洗了
像掠过头上的每一根羽毛

石榴树，父亲
挂一次果，结一块疤
我让那废墟为他掩了，埋了
像咽不下的每一颗石榴籽

石榴树，姐姐
开一次花，扎一个蝴蝶结
我让那红石榴向你咧嘴了，笑了
像跟在你身后的每一个男生

石榴树，死了
姐姐，那些白发和疤痕
在童年的皮肤上，累了，倦了
让我们去，把落地的石榴籽
握在手里，数一数吧

2021-3-30

珠江，我究竟是你的哪一段波浪

谁在上游
谁在高处跌宕
纵然有一千次的涛走云飞
除了昂起的头颅
还有一万个高举的手掌
谁用生活说破生活
谁以死亡冲刷死亡
珠江我的珠江
我究竟是你的哪一段波浪

谁在中游
谁流在天上
纵然有一千年的波诡云谲
除了不息的血脉
还有一万个赤裸的胸膛
谁用存在送走存在
谁以死亡淹没死亡
珠江我的珠江
我究竟是你的哪一段波浪

谁在下游
谁流得那么健康
纵然有一千种的云淡风轻
除了出海的苦涩
还有一万个幸福的忧伤
谁用生命复活生命
谁以死亡安放死亡
珠江我的珠江
我究竟是你的哪一段波浪

珠江我的珠江
我是你自上而下的波
我是你由小至大的浪
请你带走我
穿过死亡那欢畅的出海口
请你交出我
把我交给深深的蓝色忧伤

2020-5-23

我在机场没接到我

飞机飞在五千米，一片海水的上方
我看到了我，我就在飞机上

空姐递给我一杯咖啡，让我系好安全带
我显然很听话，我有恐高症

我开车往机场赶，高速公路塞车
距离机场还有五公里，我在路上堵着

飞机离海水还有三千米，我看见我
紧靠着舷窗，那家伙像孩子一样迷茫

堵车堵得喇叭发慌，它像猫一样叫春
交警让我出示驾照，上写：焦虑症患者

一千米高度，飞机掠过海水
在我的头顶，我看到空姐给了我一颗糖

警车为我开道，我的车就像飞机
飞机降到二百五十米，我和那家伙都在这个高度

谢谢警察叔叔，其实我根本没有焦虑
报告空姐妹妹，那家伙的恐高也是装的

我已经站在接机口，看见飞机在海水上滑行
我看见我也在海水上滑行，嘴里嚼着糖

旅客们从海里陆陆续续出来，一拨一拨的
我看见那家伙在海里等行李，东张西望的

我突然尿急，赶紧向厕所跑去
等我回到出口，海里已经没人，只有水

我没有接到我，那该死的家伙，害我白跑一趟
我该如何对爹妈交代，老两口都有心脏病

2020-5-26

一壶水就这样开了

我的心事开始沉重，妈妈
这个词，我很想让它变得轻一些
再轻一些，但有太多的影子
跟住你，落在飘雪的日子
我拎不动它们，就像小时候
拎不动那个火炉上的水壶
吱吱的蒸汽，让我哇哇大哭

你忘了，你说给我起过三个名字
一个跟勇气有关，一个跟胆量有关
正要说第三个的时候
一壶水就这样开了
我们说起过屋后的小菜园
种了萝卜茄子和白菜
还种了春天夏天和秋天
正要种下冬天的时候
一壶水就这样开了

你还讲起了父亲，那个老顽固
顽固了一辈子，还在顽固
像烧不开的水一样顽固
就在你顽固地骂他的时候
一壶水就这样开了
咱们聊着聊着就聊到那一天
那一天就是我拎不动的影子
跟着你落在飘雪的日子
聊到我想让它们变轻一些的时候
一壶水就这样开了

2021–1–20

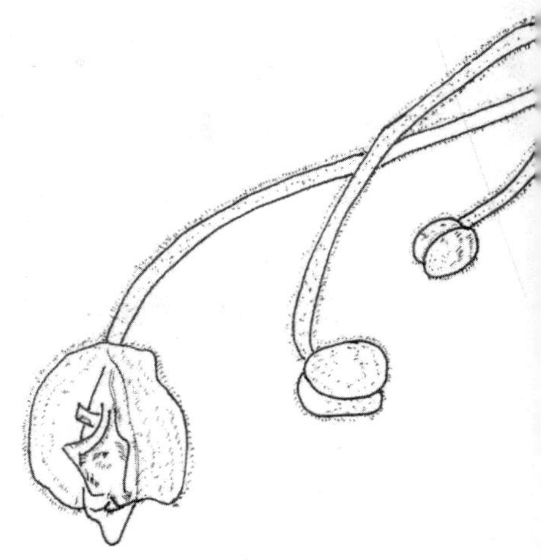

我想讨好一只蜗牛

她的驼背，弯曲地移动。一阵风
弯曲地落下，砸中我
我仰起头，看到一只蜗牛

我看到一只蜗牛，爬了85年
爬上她的背，趴下不动，如同老家门口
那座趴在那儿，一动不动的山

我知道我搬不动它，尽管，我
想了很多办法，对付它的沉重
它还是趴在那儿，赖在她的背上不动

我学乖了，觉得应该换一种方式
一种跟它和解的方式，而不是作对
我应该千方百计讨好它，像对她一样

应该双手合十，三叩九拜，讨它的好
应该甜言蜜语，奴颜婢膝，讨它的好
甚至应该用我尊贵的诗歌，讨它的好

我讨好它，我想一直讨好它，我想
它念我的好，将来跟她一起去的时候
让躺在地下的人，轻松一些

弯曲的风落下，砸中我，我低下头
看见了时间，它也要我讨好它
说它能让蜗牛在她背上，多趴些日子

2021-2-18

又见炊烟

又见炊烟，又见炊烟
我一定是在童年的村庄埋过自己

城市缥缈，往事在缥缥缈缈中变老
只见炊烟年轻，它活得那么不紧不慢

今夕的炊烟，还是晨起的炊烟
从骨头里得体地生，从肉体里悠然地长

我生命的关节像烟火一样松紧有度
烟火从日子的缝隙中喷涌而出

我奢望看见未来世界，看清所有的一切
只有炊烟兀自升起，引诱我盯住天空

纵然随风而去，纵然不能仙化为云
炊烟就是炊烟，炊烟从不以哭作雨

炊烟，又见炊烟
天又蓝了一次，心又空了一次

2020-5-30

糟老头

糟老头，糟
老头，真糟
一片树叶落下，砸起
黄昏的尘土，淹没影子
吐吐舌头，糟老头
扮个鬼脸，糟老头

老头，让脸皮糟透
让死亡和坟墓糟透
时间就瞎了，老头
让耳朵糟透，让
神经一起糟透，时间
就彻底哑巴了。糟
老头

那片叶子回到树上
叫你小鬼，糟老头

2021-3-12

爸爸的诗

小的时候，个头长得还不及爸爸的书桌高，他坐在桌边的时候，我每每踮起脚扒着桌沿偷偷地张望，都能看见爸爸左手夹着香烟，右手握着笔，专注地写着什么。不知不觉，待烟灰缸里积攒了四五根烟头的时候，爸爸便长舒一口气，惬意地仰靠在椅背上。当我再次扒着桌子伸长了脖子望去，看到爸爸洋洋洒洒地写了好几页分行的文字，只是那时候压根不明白“写诗”到底是怎么一回事。

直至如今，爸爸仍然在写，这么多年一直没有停过笔，而且年龄越大写得越多，时常是应景而发、随情而至、一气呵成。2017年6月，在桂林阳朔的遇龙河边，看着顺江漂流的竹筏，望着四周耸峙的青山，爸爸诗兴盎然，几杯茶的功夫，一连作了好几首古体诗，读给我和妈妈听，感觉真的把眼前的风物写活了。2017年12月，一家人来到澳大利亚，走过墨尔本的圣保罗大教堂，爸爸看到草坪上有一座雕像，停下来伫立良久，一边望着雕像，一边让我翻译铭牌上的英文，口中喃喃自语：“马修弗林德，最早的拓荒者，哦，这是马修船长”，他当晚就查阅有关的资料，第二天便写出了《马修船长的塑像》。关键是他观察到我和妈妈都未曾注意的一个细节，就是当时有一只海鸥碰巧落在雕像的头上，他把海鸥写进了诗里，让这首诗一下子鲜活了不少。这就是爸爸的特点，生活中对自己总是粗枝大叶，但观察生活中的灵动却是那样的细致入微，写起东西来更是喜欢跟自己较劲，看他眉头紧蹙冥思苦想的样子，我知道他又在为遣词造句煞费苦心了。有时候我笑问爸爸，诗词是否都是这样咬文嚼字憋出来的，爸爸认真地说，咬文嚼字是对诗歌的敬重，是对自己的倚重，更是对读者的尊重，但前提是必须对生活有观察、有触动、有感觉、有升华，憋也是一种创作的功夫，必须有感而憋，有感而发。

我自己也喜爱读诗，然而读诗与写诗毕竟有着天壤之别。上初中时，有一次在爸爸的书架上看到顾城的诗集，随手一翻，读到“把我的幻影和梦，放在狭长的贝壳里，柳枝编成的船篷，还旋绕着夏蝉的长鸣”这样的句子，觉得很是高深，望尘莫及，当下便有阅读后细细品味的满足，更生出自己写不了这种文字的懊恼。由此便明白了写诗的不易，长大后更懂得了爸爸长年累月的坚持，确实需要一种读诗与写诗的热爱与精神，需要一颗与诗同驻的心，这颗心与年龄无关，与地域无关，与事务无关，与忙闲无关，却与生命相关，与生活相关，与激情相关，与力量相关。有时看见爸爸写作时辛苦的模样，我开始习惯在他的诗里感知一份快乐的沉淀，正如我特别喜欢他的作品《蝉和禅》中的句子："夏日的蝉是少年的蝉 ，少年的蝉叫醒少年的心，叫着短短的夜晚长长的白天， 叫得日头炎炎小河宽宽流水潺潺 ，叫得杨树直直柳丝绦绦槐枝弯弯……中年的禅，是恬静的禅，不惑地叫着，知了天命。"诗中的禅意，对于尚无生活积淀的我来说，只能读懂几分。

什么是诗？这是一个过于开放而无从回答的问题。但是，我从美国诗人Maxwell Bodenheim的一句话里窥见了些许的答案："诗歌是一种企图画出思想之色彩的尝试。"若是如此的话，爸爸的诗中必定铺满了一种生动而温暖的红色，这是我初看他的诗集就仿佛窥见的色泽。我曾不解，为什么爸爸坚持要给这本诗集取名为《生活的名义》，反复读了几遍后，我慢慢理解了：真正的诗人，应当在生活中给自己不断加温，应当在为天地播火之中燃烧自己。诗心一旦似火柴一般点燃，一首首诗便会与思想的燧石碰撞，如星星之火一般源源不断地闪现，汇聚起来便是无比炙热的火焰，升腾着凝结在集子里。爸爸曾写过这样的句子："总有一个远方，以温暖的方式在等着我，哪怕是一支火把，哪怕是一根蜡烛，哪怕啊，是一根纤细的火柴，只要它们在燃烧，那就是我的方向。"生活中，我印象中的爸爸一直是一副热心肠，就像一团火，一团恒温的火，他的乐于助人、热络宽厚似乎是与生俱来的。如果说诗如其人的话，这本诗集中，就真的能够触摸到语言的温和他内心的热。这种热居然激发了妈妈作画的雅兴，尽管初涉丹青，却用极短的时间绘出了那么多的插画，着实让我惊讶。

这几天，寒流又一次到了广州。我读着爸爸的诗，心在烤着一盆炭火。

祝爸爸身心如火，诗意常在。

龙越

2021年3月于广州